今上天皇の祈りに学ぶ

たけもとのぶひろ

〈編集部解題〉

●本著『今上天皇の祈りに学ぶ』は、弊社のブログ『極北』http://meigetu.net/で連載エッセーを担当されている、たけもとのぶひろ氏の二〇一七年一月〜二〇一八年二月までの寄稿を編集したものである。

●紙面の都合や書籍としての体裁上、かなり割愛せざるを得なかった。本著をきっかけに、より詳細に著者の〈天皇論〉あるいは〈天皇観〉に接したい方は、そちらの方にも目を通して頂ければ幸いである。

〈解説〉

たけもとのぶひろの思考、その「非転向」について

吉田文人
（一九九四年京都大入学、二〇〇〇年卒、新聞記者）

本書は、「ならずもの」「過激派の教祖」滝田修こと、たけもとのぶひろさんの象徴天皇制擁護論である。今上天皇の退位を巡る心情と論理を、天皇本人の言葉（の行間）から読み取ろうとする形で展開されており、かつての彼を知る多くの読者にとっては、あまりにも激しい「転向ぶり」に戸惑いを覚えるかも知れない。しかし、たけもとさんの、現実を直感で読み破り、そのための論理を膨大に積み上げてゆく思考形態は、滝田修時代から本書まで、一貫している。

一枚のモノクロ写真が、ある。京都大学のシンボル、時計台が写っている。手前を自転車が走る。千年の都の鬼門に位置する、日本で二番目に古い国立大学のキャンパスは、一見、平穏だ。時計台正面の文字盤下に、縦に一行、時計塔とちょうどぴったりの大きさでスローガンが書かれている以外は。

「竹本処分粉砕」

白い塗料で書かれたとおぼしきこのスローガンは、一九七三〜七七年、京都大学の「顔」を飾り続けた。全国的には、大学闘争は、六八〜六九年の高揚後、党派間の内ゲバや学生一般の政治離れなどに伴い失速した。ところが京大では、今も大学当局の正史が七七年までを「学園紛争期」と記さざるを得ないほどに、闘争が継続した。時計台の「竹本処分粉砕」は、継続する闘争の意志そのものだった。

週刊誌が「人民の池に浮かぶガラパゴス」と書き立てた、当時の京大。その闘争の中心に、たけもとのぶひろさんはいた。正確に言えば、たけもとさんの不在が、闘争の中心にあった。

この時代の時計台の写真は、撮った側の視点がそのまま反映されている。闘争に関連した写真などは、「竹本処分粉砕」の字がよく見えるアングルから撮られた。大学当局のＰＲや予備校の大学紹介などでは、時計台を横や裏から撮影してスローガンを避けた。正面から撮ったものの、スローガンを消した修正写真もある。たけもとさんの不在を隠蔽したい、しかし、不在を告発する闘争は現実から消去できない、そんな時代だった。

たけもとのぶひろ。戸籍名、竹本信弘。かつてのペンネームは、滝田修。京大闘争の渦中で「ならずもの」たらんことを宣言した彼の不在と回帰。そして、「転向」を経て今に至る道筋には、戦後日本と、その鬼っ子としての日本新左翼運動の、限界と可能性が刻まれている。本稿では、この問題意識に基づいて、竹本さん――私にはどうしても、こう、漢字で書く方がしっくりくる――の物語を綴ってみたい。

「アントニオ・ネグリ同様、『革命的自然発生（ママ？　性）』に期待を寄せるあの種の人たちは、おっちょこちょいでどうしようもない事件に巻き込まれがちである」

自身も学生時代、竹本処分粉砕闘争に関わった、浅田彰が書いている。「ならずもの」は「革命的おっちょこちょい」でもある。それゆえだからこそ、滝田のいた京の都を流れる琵琶湖疎水は、赤軍派が飛翔した中東パレスチナの地中海にも通じる。確かに、どちらにも水がある。水があるところには魚が住める。つまり、どちらでも革命が現実であることに変わりはない。

「天真爛漫にデモ・ストライキをします」。六〇年安保全学連の唐牛健太郎は、委員長就任時、マスコミにこう語ったという。石原慎太郎よりも格好いい、と言われた二枚目だ。一〇年後、唐牛より二歳年下のひげ面の男が、二九歳になっていた。「明るくおおらかに暴力を」。バリケード封鎖された京大で、語った。

一　京大闘争への道

「彼らは私を取り調べるに当たって、開口一番なんと言ったか。／滝田よ、オマエが、／「あの時代」の幕を引くのだッ！／この一言は、私をデッチアゲるに至った彼らの動機を余すところな

く物語っている」（『わが潜行四〇〇〇日』一九八三年、三一書房）

逮捕された。一九八二年八月九日午後四時五分頃。場所は、川崎市立日本民家園。

「川崎市立日本民家園は、急速に消滅しつつある古民家を永く将来に残すことを目的に、昭和四二年に開園した古民家の野外博物館です」（同園ホームページ）。

人間は誰しも、ある決定的瞬間を抱えて、以後を生きる。竹本さんにとっては、それが一九七二年一月九日の指名手配だった。

その前史。

一九六七年。佐藤栄作首相訪ベトナム阻止闘争、「一〇・八羽田闘争」で、いわゆる三派全学連——社会主義学生同盟、マルクス主義学生同盟中核派、社会主義青年同盟解放派による全日本学生自治会総連合——に所属する大学生たちは、角材を手に機動隊の壁へ突撃した。「武装して闘う」全学連が、登場した。

戦後日本学生運動は、七年前、唐牛健太郎らブント全学連が主導した六〇年安保闘争で、挫折している。学生運動指導部が百万遍「プロレタリア国際主義と組織された暴力」を唱えようとも、「民衆の歌」は「民主主義を守れ！　岸を倒せ！」の先へ行けなかった。革命ではなく民主、暴力ではなく平和。到達点は「壮大なゼロ」であり、いくら「壮大」であっても、ゼロはゼロだ。そもそも、ブント全学連にあった武装は、国会の門をぶち破る丸太程度に過ぎなかった。暴力は、観念語だった。だがしかし、だからこそ、暴力は解き放たれなければならなかった。権力の側へ。「敵」の側へ。

一九六八年。党派の街頭闘争と並行あるいは共振して、東大で、日大で、全学共闘会議が結成される。戦後民主主義のミニチュア、全員加盟の学生自治会ではなく、やる気と本気がある者だけが結集し、叛逆のバリケードを築く。学園暴力断固貫徹！

暴力！　暴力とは、あの時代、武装や蜂起、革命と共に連呼される、魔語だった。

暴力は、学生にお返しされる。六九年一月、東大安田講堂に立て籠もる学生たちを、八個機動隊約八五〇〇人が排除する。放水、ガス弾、ヘリコプターからの催涙液。そして、あさま山荘に鉄球が打ち込まれ、雪中の穴には白い人型が引かれ、終わる。新幹線、オリンピック、万博と描かれる、高度成長期、日本の風景。

その風景に取り残された場所から、竹本さん、いや滝田修のアジテーションは生まれた。

一九六九年。京大闘争は、東大闘争が到達した地平から始まった、とされる。安田講堂決戦の直前、京大で闘争の歯車は回り始めた。

一月一五日、吉田寮・熊野寮生が学生部の建物を占拠・封鎖する。安田講堂と対照的な、小さな小さな、二階建てレンガ造りの明治建築である。この、あまりにもささやかな占拠に対抗して、共産党――民青と大学当局は「反戦自由の砦」京大を暴力学生から守ろうと連携し、反封鎖、逆バリケード事件が起きる。大学が提供したヘルメット、放水ホースを学生が使うの図。多くの学生も付和雷同する。

嵐が過ぎると、反戦自由のための、「自由の敵」に自由を許さない暴力は、ナイーブな京大生を反省させる。全共闘結成。欺瞞的な暴力への疑問は、むしろ、真性の暴力を呼び出す。バレンタインデーのその日、全共闘と民青の本格的なゲバルトが起きる。全共闘は「我々は、大学に愛を告げた」と総括した。

過剰なばかりの愛は、やはり改めて暴力として表出するほかなく、そこには竹本さんがいた。当時、経済学部助手。若手教員の幾人かは、それぞれに闘争を教員の立場で受け止め、発言していく。竹本さんもその一人。ではない。むしろ、全共闘そのものとして、ペンネーム滝田修として発言し、影響していく。

当時の滝田らを描いたドキュメンタリー映画『パルチザン前史』は、奇妙な映画である。冒頭から「イッチニー」「イッチニー」。男たちが掛け声に合わせて行進する。鉄パイプを担ぎ、ヘルメット姿。大勢の「人民」が見守る昼の目抜き通りではなく、夜に、野次馬学生も見当たらない大学内のグラウンドで。滝田は、既に行き詰まり、「大衆」から孤立しつつある全共闘の解体を提起していた。連帯を求めて孤立を恐れない「パルチザン」の「団結」こそが求められる。時計台の北側、法経館の裏では、同じく男たち一五〇人ほどがドラム缶に突進して鉄パイプを突き立てる。「戦士」が突進すると、下駄履きの足元がガタガタと鳴る。「部隊」が学内を行進すると、多くの学生が「帰れ」コールを浴びせかける。これがデモンストレーションだ。これが武装だ。暴力だ。

百万遍カルチェラタン。パリの学生街の名を冠した市街戦、街頭占拠は、東京でならば、既に何回も繰り返されていた。京都のそれは、ごくわずかな学生が教室から机を持ち出して、突然、京大前の交差点をささやかに封鎖する。イラついた市電の運転手が運転台から出てくる。運転手の目にも、通行人やドライバーにも、まさかこれが、新宿や新橋、神田三崎町で繰り広げられた、大規模なアレの再現劇だとは思わなかっただろう。京大全共闘は、この市街戦から数日で、学内のすべてのバリケードを解除される。

つまり、正直なところ、今、この映画を見ても、あまりに漫画チックで、革命ごっことしてさえ成立しているように感じられない。当人たちが本当に大まじめに革命について考えていたとしたら、それはもう、世界の見え方が本当に全く違ったのだとしか思えない。

本当に、全く違ったのだ。「これだ！」と直感した出来事の行間を読み破ることで、革命のとば口を見つけ、革命を現実のものとするための論拠を延々と探し続け、生み出し続ける。いつしか、その論拠の山、論理の塊が現実そのものになる。この映画の制作意図は、京都で巻き起こった新しい運動の質を映像に焼き付けることだった。ならば、映像に映るヘルメット隊列の人数や下駄履きの軍事訓練ではなく、滝田の言葉と心こそが、その質そのものだった。

あれから五〇年後の今書かれた本書でも、竹本さんの方法論は同じかもしれない。天皇の言葉を穴が開くほどに見つめ抜き、天皇本人の意思や安倍政権の意図を腑分けしていく。そこから、少なくとも私のような凡人の想像する範囲では、おそらく当人たちすら考えもしないとしか思えない「現実」の構成へと一心不乱に突き進む。

左翼以外で、似たような「現実」の構成をしてきた人物として、唐突かもしれないが、たとえば浄土真宗の宗祖、親鸞がいる。親鸞は仏典をまさしく読み破り、自らにとって「こうとしか読めない」読み下しをすることで、真宗の教義を構成した。一般的な文法からいくらかけ離れていても、読み抜いた本人にそうとしか読めない以上、それが「現実」として語られる。親鸞に限らず宗教的天才たちは、そうして教義を生み出してきた。

レーニンや毛沢東ら世界の革命指導者の場合、マルクス主義を目の前の現実に適用するにあたり、大胆にその原理原則を改変した。それはあくまでも、現実に適用するための改変によって、独自の思想を生み出したものだが、竹本さんのやり方は、むしろ親鸞的であり、だからこそ、滝田は「過激派の教祖」だったのだと言える。

二　滝田修

滝田は、教祖的資質に満ちた人物であり、あの当時には、時代の寵児、アジテーターだった。七一年の『週刊朝日』四月四日号で、大橋巨泉のインタビュー連載に登場した竹本さんについて、大橋はこう書いている。

「この人が単なるアジテーターか、真に偉大な革命家なのかは歴史が決めてくれるだろうが、少なくともボクの見た限り、この人はスターになれる人だ」

スター。言い換えればアイドル。つまり偶像。スター滝田の言葉を当時もっとも多く収めた、『ならずもの暴力宣言』（一九七一年、芳賀書房）。という本がある。いわば、バイブル、言行録である。ならずものとは、「成らず、もの」である。ご大層な、立派なものには、成らないし、成れない、というスタンスが、いかにも、「暴力学生」と呼ばれれば、「暴力学生とはおれっちのことよ！」と返した、そんな京大全共闘の「気分的指導者」らしい。

デカいことを言うほど、スターは受ける。スターは、全国で吠える。「布教」する。デカいこと、とは、自らが見つめ抜いた現実から生み出した「革命の現実性」であり、吠えるその瞬間には、現実そのものである。

「〈青年よ大志を抱け〉ではなくて、〈青年は荒野をめざす〉というのが、（拍手）われわれの合言葉であって、しかも北海道には、広大な莫大な荒野がある。これをわれわれの手中に握りきらなければならんという具合に感じた次第であります」

北海道へは関西から鉄道で二泊三日かかった。飛行機⁉　松本清張の『点と線』から一五年。赤軍派よど号グループも、最初のハイジャックを中止した際は、東京まで鉄道で戻った。ハイジャックの対象であっても、客として乗るなぞ思いもよらない。

そんな最果て、北海道でのアジテーションも、やはりでっかい。のだけれども、「辺境最深部へ退却せよ！」という響きはない。フル回転する滝田の言葉だけが「広大な莫大な荒野」を制覇できる、のだ。

竹本さんは、今も「わしら」という言葉を使う。「わしら」とは、滝田の弁を借りれば、「世の中の生活に呻吟しとるヤツ」であり、「こんなヤツ、絶対に裏切れへんもの。世直しをやりね、革命じゃ、何じゃかんじゃ言うんやったらね、そんなものね、義理と人情を、裏切るはずがない」。

抑圧され、差別され、底辺で呻吟してきた人々の「義理と人情」に支えられた、団結。滝田は、繰り返し、被差別部落民や在日朝鮮人、日雇い労働者の抑圧と抵抗を賞賛し、かれらに学び、共に闘わん！　とアジった。

ただし滝田が、たとえば以下のように語るプロレタリアは、個別具体的な下層・非抑圧民ではない。滝田の「現実」が発見したものだ。

「既存の価値のいっさいを占有し、既存の秩序から利益を得てきた人びとの一団に対して、抑圧され搾取され管理されてきた人びと、軽蔑され愚弄され去勢されてきた人びとの群れが、いっさいの非価値・反価値・脱価値を強制されてきたプロレタリアの群れが、反逆の火の手をあげているのだ（略）旧秩序＝ブルジョア政治世界と新秩序＝プロレタリア政治世界との闘い。だから、その闘いは、暴力による非和解的な死闘とならざるをえない」

京大闘争の意義を語る文章で、登場するそれは、プロレタリアの観念と学生の身体を持った、自己否定を経て、解体されるべき京都大学の学生、院生、教員のことである。

大学は、当時、戦前からのエリート養成施設の自意識を特に東大や京大あたりは失いきれずにいた。にもかかわらず、実体としてはかつ猛烈サラリーマン養成施設、かつ研究で産業に奉仕する場として、高度成長を支える要になっていた。つまり、

「成熟した資本主義的構成体において支配的な地位を占める国家のイデオロギー装置は、学校制度のイデオロギー装置なのである」「既存秩序の大学と学問を解体せよ!!　全人民の手によって

大学と学問を奪還し、全人民のもとに解放せよ!!」（前、『国家とイデオロギー』（ルイ・アルチュセール、西川長夫訳）、後、『ならずもの暴力宣言』（滝田修））。

それまでの日本近代と異質な、持てる者と持たざる者の差が見えにくく、抑圧が相対的にはまだ見えにくい、少なくとも多くの人が「中流」意識を持てるほどに、持たざる者も食えているように見える、「柔構造社会」が到来するなか、大学から乗り出した「広大な莫大な荒野」に、革命戦争はあったのだろうか。

三　したたかで、おおらかに

ここからしばらく、改めて竹本さんの足跡を、一般的な戦後学生史ともダブらせて振り返ってみよう。竹本さんは、底辺の生まれ育ちとは言い難い。思いの外、「滝田修以前」を記していないが、略歴を記せば、おおむねこうである。

たけもと・のぶひろ＝一九四〇年、京都市生まれ。父は京都教育大教授。京都学芸大付属中、府立洛北高を経て二浪の後、六〇年に京都大経済学部入学。同経済学研究科大学院に進み、六七年、同学部助手に採用される。

京都のインテリ家庭に生を受け、国立大の附属中学から府内のトップ高校へ進学、そのまま京大へ入る。

一九六〇年代末、大学生は大衆化した、特権階級ではなくなったはずだが、それでも大学進学率は二割前後。特に旧帝大、東大や京大は別格だった。まして、竹本さんは大学院からそのまま京大の助手に採用されている。岩波書店の雑誌『思想』にも二〇代のうちに論文を掲載した。「将来を嘱望されたエリート」そのものである。

驚くほど、竹本さんは学生活動家として登場していない。大学入学の年は、六月に六〇年安保闘争が決戦の時を迎えた。東大教養学部の自治会委員長だった学年で二つ上の西部邁を筆頭に、一学年上の同志社大生、保阪正康や一歳年下で六〇年に東大入学の柄谷行人らは、後年、当時のデモを回想している。他方の竹本さんは、京大闘争が高揚期を迎えるまで、運動の表舞台にいたと語られない。

ただし、ブント系の一学生としてデモには参加した。しかし、ブントが批判する日共の官僚主義が、ブント自身にもはびこりだしていることにいらだちを覚えた。

いらだちと違和感を抱えながら、「大阪労働者学園」、竹本さんらが大阪に作った労働者向けの「学校」で、講義を始める。いかにも、インテリゲンチャの「ヴナロード」ではある。しかし、「わしら」の中に竹本さんが橋頭堡を築いていく、その第一歩ではあった。

六〇年は、安保闘争によって「戦後民主主義」が頂点に達し、そして「擬制の終焉」があらわになった年でもあった。すなわち、「戦争はこりごり」な大衆的な記憶・意識が、戦犯首相の下で街頭にあふれ出し、戦犯首相を辞任に追い込んだ。他方、戦後左翼の頂点に君臨していた共産党は、朝鮮戦争期からの路線変更のジグザグと党内闘争を経て、唯一の前衛としての権威を失墜した。戦後の底が、割れ始めた。

おおざっぱには、安保闘争を支えた大衆的エネルギーは、高度成長に手なずけられた。かといってエネルギーの根幹にあった反戦意識が解消されるわけはなく、「護憲政党」が三分の一議席を維持することで与党も改憲を本気で考える必要もない。三島由紀夫の歎いた、「無機的な、からっぽな、ニュートラルな、中間色の、富裕な、抜け目がない」、理想的な大衆消費社会をアジアの東端に実現してゆく。

そんな浮き世にノリ切れなければ、さあどうするか。従来通り、戦後民主主義の虚妄に賭けるか、欺瞞を暴き続けるか。真の前衛党建設に邁進するか。少なくとも、そのまま「大衆の原像」に拝跪するには、竹本さんはあまりにも知識人すぎた。「誰よりも民衆を軽蔑した君（レーニン）」以上に大衆を蔑視するレーニン主義者は、なおさら性に合わない。いや、許せない。そこに、竹本さんが、ローザ・ルクセンブルクという、特異な革命家の研究者であったことが絡む。陰謀も秘密主義も似合わない。おおらかに明るく、自らと違う意見を持つ者の言論を尊重することこそが、社会主義だと唱えた彼女。それでも、党は、必要だ。大衆が蜂起するそのときに備えて。

「何としても、新年度、つまり（一九七〇年）四月の段階まで（に）、事務所を設け、映画（パルチザン前史）を観ていただいた方には、京都市左京区云々に事務所があって、電話は何番で、機関紙はこのように出したということを報告できるよう一日も早く獲得できるように努力しております」

連絡先住所がおおっぴらな、そもそも主要人物たちの顔が映画でばっちり撮影・上映済みの「戦士」の集団。昭和元禄の世に、果たして可能だっただろうか。しかし、愛すべき「おっちょこちょい」の革命は、そんな「現実」をものともせずに突き進もうとした。

確かに中核派や革マル派、そして、元々は竹本さん同様にローザ主義だった解放派など、「大手」セクトは、地下組織やアジトと公然部隊、事務所を使い分けて、革命党らしい仕組みを作り上げた。ただし、その暴力は、まずは「身内」、他党派との殺人合戦に向かった。当事者にとって、あまりにも避け難い戦闘ではあったのかもしれないが。

他方で、「おっちょこちょい」は、徹頭徹尾、人間を信じようとする。滝田が全共闘の先に展望した軍事組織！「パルチザン五人組」は、たとえばこんな人間像を描いていた。

「戦士の原則的条件は、／ういういしくて、ナイーヴで、／たくましく、したたかで、／ふてぶてしくも、いぎたなく、／しかも、おおらかに、／工作し、宣伝し、組織し、戦闘することである」

おおよそ、レーニン主義党組織の規律と無個性にはなじまない、戦士たちではあるまいか。生身の人間として、ひとりひとりの、顔のある人間として、戦士になる。滝田は、戦士を全体的で総合的な、まさに共産主義的な人間像として描いたはずであり、だから竹本さんは、後年、自らの描いたこの人間像を否定している。とはいえ、この人間像は、竹本さん自身の「ナイーヴ」さや「おおらかさ」がそのまま反映されている。本書で、天皇個人の人間性をあまりにも深く信じ切る竹本さんと、何ら変わりはない。

「さあ、お喋りのときは、終わった。工作・宣伝・煽動・組織・戦闘に、でかけよう」

滝田がこうアジるとき、全共闘の暴力は、お喋りの延長でしかなかった。東大や日大のようなわかりやすい正義もなく、大闘争にはなり得なかった。そもそも、滝田のお喋りに象徴されるものこそが、京大全共闘だったのだから。大学の外へでかけようにも、その先はない。北朝鮮へは赤軍派に先を越された。パレスチナには、赤軍派にオルグられた仲間が向かった。うち二人は、数年後イスラエルの空港で機関銃を乱射して、射殺されるだろう。そしてまた、生き延びた一人が今世紀に入り、かつて訓練をした街、レバノン・ベイルートに足を踏み入れたとき、それを伝える記録映像のバックには京大生の「愛唱歌」である「琵琶湖就航の歌」が流れていた。

京大周辺、百万遍交差点から数百メートル四方が革命されるべき全世界だった。観念は膨張し、本物の「革命の現実性」に触れても、百万遍的身体感覚は、変わらない。

四　「わしら」になるということ

七二年一月九日、竹本さんは全国指名手配される。京大闘争が始まって三年が経っていた。たしかに、全共闘運動は収束したが、学内には竹本さんが理論的ならぬ気分的指導者だったパルチザングループが存在し、京都生まれ東京育ちの党派、赤軍派の流れを筆頭に、新左翼諸党派がひしめいていた。そして、群馬県の山中で、京大生を含む何人もが総括の名の下にリンチを受け、殺され続けていたときのことだ。

そんななか、竹本さんは、潜行する。容疑は、埼玉県朝霞市での自衛官強盗致死事件に関連したもの。さっき、竹本さんはスターだったと書いた。そうだ。スターだったからこそ、指名手配された。スターだったからこそ、潜行した。大学からは無断欠勤により処分を言い渡されかける。もちろん、既に竹本さんは大学に未練はない。けれども、絶対的に自己の無罪を主張するが故に、相手のペースには一切乗らない。つまり、潜行して逃走して、絶対に捕まえさせない。捕まったところで、実際、竹本さんが本当に事件に関与していたかどうかは、権力にとっても主要な関心ではない。「『あの時代』の幕を引く」物語として、滝田修の逮捕が、しかも自衛官殺しに絡んだ逮捕が、必要だっただけなのだ。

「私はペシャンコにされてもへこたれないぞ!」

竹本さんの指名手配と同時期、『朝日ジャーナル』の記者が逮捕される。彼が後に映画評論家として名を馳せるのは別の話にしても、『朝日ジャーナル』といえば、新左翼に最も近い商業雑誌の一つだった。

その連載「櫻画報」と同じ赤瀬川源平のイラストが、『ならずもの暴力宣言』の表紙を飾っている。遠くに、小さく、国会議事堂。その前に並んだジェラルミンの盾。手前には大きく、長ドスを抜いて機動隊に対峙する〈戦士=武士〉の後ろ姿。足元はスニーカー、覆面とおぼしきタオルの端は風に揺れる。正義の味方か。いや、正義の定義など、そもそもない。他人が押しつける正義、他人に押し付けられる正義に納得できるようなら、そもそもパルチザンなぞ提唱しえなかった。ただ、「決意したことを実行しないと/心に負担が残っていく」。本書で竹本さんが描く天皇像もまた、思考し抜き、「決意したことを実行」する、そんな個人になっている。

潜行二年目。滝田修個人として、再び、地下から言葉を発した。

「全国の闘う友人たち！／人々的世界のすべての人たち／ぼくは滝田です。（略）ぼくはもう黙っているのをやめようと思います」

率直な言い回し、新左翼の教条臭が潜行前にも増して抜けた書き出しだ。この「愛をこめてアピールn→∞」は、七四年二月の日付がある。

「（略）社会的不正を憎み、人間的不実に怒り、自由を渇望している人びとにとって、解放の闘いは、何よりもまず、自らの現在を解体し、より素晴らしく、したたかにも逞しく、力の充ちたものとして解き放つ、魅力あるものであるはずですし、またそれは、人びとが、自らの類としての愛に目覚める、相互に深い信頼をわがものにしてゆく営みでもあるはずです」

潜行者は、大衆の面前でアジり倒すスターではありえなかった。しかし、ぼくは滝田であり、でなければならず、でありつづけた。だから、最後にはこう呼びかけた。「大いにやろうやないか！」

潜行とは、職と住処を転々と流浪することである。たとえば、鉄工所で働く。汗にまみれた。「労働は、ぼくには、苛酷をきわめた。物凄い労働であった」。

「一日に一升ほども汗をかいて過酷な労働の毎日を過ごしている労働者に向かって、屁の突っ張りにもならん説教をすることが、如何に不遜で無意味なことか、僕は思い知らされた」

「わしら」との出会い。本当に「わしら」になることは、「戦士」の要件を満たしてもまだ足りない。

「ぼくはかってのアピールの中で、ボロボロになっても、ペシャンコにされても、頑張るぞ、といっていたのだから、名実ともにそうなってきたことは、不愉快なことか愉快なことかいずれかといえば、勿論愉快なことであった」

モーテル、つまりラブホテルで働く。かつて女性であることで食べてきた同僚の中高年のつらさに、

「ぼくは、しかし、こうは云っても、この現実に対して非力であり、無力であった。何もできないのだ。／ただ、懸命に働き、彼女たちの労働量をすこしでも肩がわりして、自己満足するより、やりようがないではないか。／(略)／社会主義の説教ができたであろうか。／資本主義だから、自民党だから、こんな目にあうのだ、などと、尤もらしい阿呆くさいことがいえたであろうか。／(略)／何も出来ないということ、ただ働くということ、これだけであった」

オルグや参与観察のためではなく、生きるために働き、「わしら」が育ってゆく。

『只今潜行中・中間報告』（一九七四年、序章社）の刊行からしばらく、竹本さんは、文字通り沈潜する。栃木県や群馬県、数年前、連合赤軍が追い詰められ、追い詰めた山々を背景に点々とする。プレス工場で働いたとき、指を二本、機械に差し出した。滝田は、たけもとのぶひろへ、「戦士」は、「わしら」へ変態してゆく。

本人は「下層志向からの解放」と記しているが、むしろ、「下層」も「上層」もないなかで、「教祖」としての役割も抜けて、ただ「わしら」としての自己を見つけてゆく。

同時期の、京大。全共闘の崩壊後、「竹本処分粉砕！」は、元全共闘の活動家らにとって最大のスローガンとなった。この言葉の勢いで、全学学生自治会「同学会」を七三年にノンセクトが民青から「奪還」し、京大を軸にした京都の学生運動は、「人民の池に浮かぶガラパゴス」と呼ばれる独自の進化を、大衆的に遂げ続けた。

「おっちょこちょい」の蒔いた種は、本人の思考を離れて育ち、その最大の成果を実らせていた。

その成果に、竹本さんはどう見えていたのか？　七七年六月。「竹本処分」の断行直前に、二十歳の法学部生が同じ語学クラスの学生に向けて書いている。

「私は、竹本氏が思想家としてすぐれているとは思ってはいませんが、過激派＝キチガイ＝市民

社会の敵といった宣伝をするには、十分な資質を持った人だと思います」（『私の敵が見えてきた』多田瑶子）

たいした言われようではある。が、確かに否定し難いところもある。滝田修という名前が表したものについていえば。そして、

「国家権力に抗して、学問の自由を守ろうとした滝川事件の輝かしい伝統を持つ京大法学部の学生であるみなさんは、今こそ、竹本処分に反対表明をし、総長包囲のために、C代大（教養部代議員大会）に代議員を送り、弾圧に屈せず、ストをやりぬこうではありませんか」

それでも同月、京大の最高意志決定機関、評議会は竹本処分を決定する。京都大学は、六九年一月以来約八年半にわたる「大学紛争期」を、ようやく終えた。竹本処分粉砕闘争から遠く離れていた、生身の竹本さんの逮捕は、さらに五年二ヶ月も後になる。

五 「わしら」は長く続く

一九八九年三月二日、浦和拘置所から解放される。昭和が終わって、ほぼ二ヶ月後のことだった。

潜行の一〇年七ヶ月、獄中の五年と十一ヶ月。この一六年半と比べて、滝田修が時代の寵児だった時間はあまりにも短い。竹本さんは、獄中での思索を元に『滝田修解体』（一九八九年、世界文化社）を刊行して、滝田の主張を誤りだったと総括した。

竹本さんと竹本さんにまつわる運動の軌跡は、やはり、そのまま日本新左翼運動におけるセクト以外の、「暴力」と血の海以外の可能性の中心と限界を、戦後民主主義の鬼っ子にして最良の子どもとしてのそれを、示している。個別滝田修の「誤り」は、その流れの中での、一側面に過ぎない。そのうえで、本書はその大きな流れの限界を示し、かつ、たけもとのぶひろという名前でしかあり得ない現象の現在を描いている。

だから、竹本さんが今の天皇夫妻を肯定的に評価することは、なんら不思議ではない。アジテーター滝田修とさえ必ずしも矛盾していない。

「国民統合の象徴」たる天皇、特に現在の明仁天皇は、民主主義と矛盾するかに見えて、実は戦後民主主義的な価値の体現者であり、「わしら」すべてを包摂する、〈社会の辺境に暮らす人びとをも掬いあげ包みこむ〉、分断ではなく連帯させるものとして、竹本さんの目には映っている。そこから、膨大な論理が紡ぎ出されていく。

改めて私のような者が論じるまでもなく、天皇制によって左翼が転向する仕組みは、戦前から繰り返されてきた。潜行中の竹本さんのように、知識人が「人民」を知り、「土着的」な思考に反省を促され、転向する。旧陸軍皇道派や農本主義者たちのように、天皇の下での絶対的な平等を求める運動も繰り返されてきた。

逆に、その絶対的な天皇が「人になりたまひし」戦後への批判が、三島由起夫を切腹させることともなった。

しかし、竹本さんの天皇評価は、戦前型の絶対的な天皇への帰依でも、それを裏切った戦後への批判でもない。むしろ、戦後民主主義そのものを徹底させようと苦闘する個人、かつての滝田の言葉を使えば「戦士」として、天皇夫妻を描いている。「多様にして異質な隣人の価値観に対して」おおらかで、「その複雑さに耐えて理解する」たくましさを持った、究極の自由と平等を具現した、まさに象徴天皇である。

天皇の「退位宣言」以降、何人かの「左派」論者が象徴天皇制と天皇個人への支持を鮮明にした。竹本さんの論理自体が、彼らとどの程度同じでどこが違うかはさておき、「これだ！」と直感した出来事の行間を読み破ることで、直感を現実のものとするための論拠を延々と探し続け、いつしか、その論拠の山、論理の塊が現実そのものになるスタイル自体は、滝田修から一貫している。その対象が、かつてとはあまりにも違うため、まるで完全に「転向」したかのようだが、実のところ、何も変わっていない。そこにこそ、愛すべき「おっちょこちょい」「ならずもの」の真骨頂がある。

いずれにせよ、「わしら」は長く続くのだ。この天皇論も竹本さん個人をも越えて。

目次

まえがき

ゼロから始める天皇論

今回からしばらくの間、直接には今上天皇の平成二八年八月八日発表の、いわゆる天皇陛下のビデオメッセージ「象徴としてのお務めについての天皇陛下のお言葉」（以後「お言葉」）に学びながら、天皇および天皇制について考えていきたいと思います。少し前、昨年（二〇一五〔平成二七〕年）の「全国戦没者追悼式」（二八〇頁参照）における陛下の式辞のときにも、触発されてそれについて書いたことがありました。

式辞の文章そのものは、ごく短いものでしたが、何度も練り直す作業のなかで仕上げられたのであろうことが察せられ、迫力を感じました。それ以前の式辞の骨格を残しながらも、その言わんとするところをさらに深め、思いを巡らしてこられたのであろう、そのご様子から、日本人という存在を正面に見据えて語りかけるというのはこういうことなのだな——と、そのことが身にしみました。

同時に、安倍首相の挨拶もありましたから、両者の違いが際立ち、印象的でした。陛下はご自身の頭でお考えになったことを、ご自身の言葉で語っておられるのに対して、首相のそれは、自分自身というものをあらかじめ埒外に置いたうえで、美辞麗句を並べただけの、ただの独り言でしかない、そういう印象でした。

いったい、この違いはどこから来るのであろうか——というふうな問いがぼくのなかに生れ、それがきっかけで、かの戦没者追悼式の式辞について書かせてもらったのでした。

天皇についてなんの予備知識もない素人ではあっても、人は時として、なにか書かずにおれない気持ちになるものだな、と省みて思ったことでした。

あえて「素人」と書きました。学者でも有識者でもない、ということです。

天皇ないし天皇制について考えるばあい、あらかじめそれに関する知識、概念、理論といったものの備えが必要だと思います。たとえば、この国の生い立ちに関わる神話、その後の日本史、とりわけ近現代史、神道をはじめとする宗教、帝国憲法および日本国憲法などについては、知っていないと不味いでしょう。学者とか有識者というのは、これらのいくつかの分野について詳しい人、あるいはこれらの分野全般について明るい人です。そうした理論ないし学問を前提にして、その立場から、彼らは発言しているということです。

ところが、ぼくなんかの素人のばあいは、一から知識を習得し、理論を学ぶところからスタートします。概念ではなくて普通の言葉と辞書が武器です。答えらしきものを探し求めて、ゴールを目指します。目指すと言っても、ゴールへ至るコースなど分かっていません。それどころか、ゴールがあるかないかも定かではないのです。

それが実状ですから、時として見当外れの道を行って引き返したり、迷路みたいなところに迷い込んでなかなか出て来れなかったりします。結局は、間違いに気がついて再挑戦することになるのですが、それはいったん思いこんだことを自分自ら捨てる作業です。ゆえに、はっきり言って、なかなか思うようには進むことができません。難しい道です。アホやなぁ、と自分を笑うしかありません。なんとかこの、自分を笑う気分にまで行ってしまえば、もう大丈夫、再出発できるのですが。

このように素人には、素人であるがために強いられる難儀や苦戦というものがあって、それを避けることはできません。しかし、その反面、素人ならではの利点もあります。その気になれば、前後左右へのおもんばかりはご免こうむって、何はばかることなく、おおっぴらに言いたいことを言い、罷り通らせてもらうことだって出来なくはない、その鉄面皮も素人の分際であればやってやれないことではない、というのがその利点です。

学者とか専門家がこういう振る舞いに及ぶとしたら、只では済まされないと思います。〝触らぬ神に祟りなし〟と言うくらいですから、触ると酷い目に会うタブーみたいなものがあるに違いありません。

たとえば、これから考えようとしている「天皇についての制度」ですが、世間に公然と知られている「顕教としての天皇制」と、それとは別に、秘かな隠し事みたいにして生き延びてきた「密教としての天皇制」と、二つの天皇制があって、後者についてはこっそり触るくらいにしておいたほうが無難なようです。つまり、これはタブーだ、ということです。

後者について、日頃から疑問に思ってきたことをもう少し書きますね。「お言葉」でもそうですが、陛下は「国民の安寧と幸せを祈る」「国民を思い国民のために祈る」とおっしゃっており、そのための行動を起こしておられます。しかし、ぼくらふつうの日本国民は、そのことをまったく知りません。天皇がいつ・どこで・どのように祈ってくださっているのか、何も知らないに等しいのではないでしょうか。

祈ってもらっている当の国民のほうは、天皇のその事実についてほとんど何も知らされていないし、事実知らないのです。それってヘンだと思いませんか。どうして、こういうことになってしまうのか？

「天皇が祈る」とか「祈り」ということを言葉で言うだけなら、実はいくら大っぴらに言おうと、なにも差し支えがありません。しかし、言葉であるに止まらず、それが（天皇の存在と不即不離の）「祈り」の行為そのものを意味することを承知の上で、あれこれ言うとしたら問題はややこしくなります。

そもそも祈りって何だ？（その行為に）どんな意味があるのか？　どうして？（祈る必要が？）……何を（わけのわからないことを）言っているのか？　と。

この種の、（突き詰めると）わかったようでよくわからない、明確さを欠く誤魔化しに対して、ぼくは強い違和感を抱きます。そして違和感について、少し脱線してみたい気持ちを抑えられなくなるのです。

たとえば「譲位」と「退位」の言葉の遣い方についても、同様の感想をもちます。仄聞するところ、陛下ご自身は当初、「譲位」という言葉を使って話をされたそうです。この言葉であれば陛下が主語ですし、言わんとするところは、今上天皇が天皇という地位を次の代に譲るということですから、ごくごく自然に聞くことができます。

ところが、報道はすべて一斉に「退位」で統一されています。その地位から「退く」ことは許されるが、地位を「譲る」という言い方は許されません。なぜか。その表現だと、そこにいささかなりとも陛下の主体性が入ってしまうがゆえに、政治的関与の誹りを免れないからではないか、と察せられます。よって、「譲位」ではなくて「退位」でなければならない、そういうリクツのようです。

それどころか、現行制度だと、退くにしても、死なない限り退くことができないわけですね。「天皇の崩御＝天皇の終焉＝天皇退位」ということらしいのです。これだと、天皇本人の地位について、いっさい本人の関与は認めない、本人を排除して決定する、それが当然の正しいやり方だ、ということになってしまいます。

きわめて理不尽なやり口だと思われませんか？　ぼくは陛下の表現の通りにするのが筋だと思います。これっぽっちの主体性も認めない、個人なり私なりの思いは関係ない。そのような振る舞いを、まともな国なり国民が許していいのかどうか？

ところが、事実はまったく逆です。新聞もテレビも、学者も有識者も、「お言葉」を伝え始めたその時から、一斉に一貫して一つの例外もなく「退位」でもって統一し、統一されています。気味の悪い話ではあります。彼らの辞書には、「譲位」という言葉がない、と言うしかありません。

もうひとつだけ書いておきます。陛下は、「お言葉」において、天皇の「本質」について問いを発するの挙に出られたのでした。しかし、学者・有識者たちの多くはその問いをもっぱら「制度」の問題として受けとめたフシがあります。この点に、ぼくは強い違和感を抱きます。しかも、彼らはそんな問題があるのかいな、と言わんばかりの顔をしています。まるで肩すかしを喰らわすがごとき扱いです。

どうしてこういうことになるのか、こういうことにしかならないのはどうしてなのか、はっきりさせる努力をしなければいけないと思います。

以後、「お言葉」を一緒に熟読して行くに当たって、いまぼくがおぼろげながらイメージしていることを、あらまし書いておきたいと思います。

天皇および天皇制について、何を、どういうふうに順序立てて書けばよいのか、そのことは、まだわかっていません。しかし、どういうことについて考えようとしているのか、そのイメージはあります。イメージを構成する骨組みというか柱というか枠組みというか、そういうものがようやくぼんやりと見えてきた、そんな感じなのです。その感じを以下に書きます。

天皇には三つの在り方とそれにともなう三つの務めがあるらしい、というのが直観です。ということは、すなわち、対する people のほうにも、それに即する形で三つの位相があるのであろう。そういうつながりになります。こういうふうなことを前に置いたうえで、論考を始めたいと思うのです。

まず、今上天皇として存在する天皇は、天皇制の安定と皇室の継承に資するのが務めです。なによりもまず「日本社会という共同体を構成する人々」にとっての天皇でなければなりません。フツーの日本人がジョーシキ的にイメージする天皇の姿がこれです。共同体社会日本の「人々」が「天皇」との間にくり広げる世界です。

次に、天皇とは「天皇という地位」に在ることを意味しており、日本国および日本国民統合の象徴であることがその務めです。この地位と務めは「主権者たる国民の総意」に基づくものである――と、日本国憲法が明記しています。

主権者たる国民が、その総意に基づいて、国民統合の象徴として「天皇」を頂いている、ということです。このことを逆の方向から見ると、天皇にとって国民とは何か、天皇から見た国民というのはどういう存在なのか、ということです。それは、なによりもまず、「主権者としての国民」だということです。ここで言いたいのは、天皇の地位が実は国民に依存しているのだ、ということの一点です。

三つ目として、天皇というのは、皇室祭祀を主宰する祭司（巫祝・神官）でもあるということ、そういう存在だということです。ですから、天照大神をはじめ皇祖皇宗の神霊を前にして拝み、国民（氏子）の安寧と幸福を祈るのが、その務めです。

今上天皇は、誠心誠意この務めをはたしてこられたと聞いています。しかし、かつてのGHQの「神道指令」は、したがって日本国憲法も、国家政府そのものの神道活動への関与を禁じました。それ以来、「天皇が国民の為に祈る」皇室祭祀は、国家の公の行事としてはとり行なうことができなくなっています。

そういう事態に追い込まれたとき苦し紛れに出てきた〝苦肉の策〟が、皇室祭祀を「天皇家の私的行事」として行なう。秘かに、つまり一般には認められない隠し事として、とり行なう——という、ある種の〝禁じ手〟でした。


しかし、もともと天皇が国民の為に祈る祭祀であったものについて、国家権力——時の政府が、天皇家の「私的行事」としてのみ「許す＝黙認する」という、この構図は、いったい何を意味しているのでしょうか。

いろんな言い方ができるでしょうが、つまりは、祭司でもあるし・そうあらねばならない天皇に対する軽視あるいは無視、天皇の祭祀（祈り）からの、国民排除の本質は、〈祈り〉で表される「国民統合の象徴」としての、天皇の実践よりも、実は象徴天皇制を飾りに貶めることによって、国家権力による国民「統治」の方をより重視するという事だと思います。

そのようなほんとうのことは、公然と語ることのできないタブーです。だとしたら、先述の「密教としての天皇制」ということにならざるをえないのではないでしょうか。


ここでやっと、テーマの入口の前まで来たつもりです。

次回は、「天皇および天皇制」問題の入口の戸を開けて、中に入っていきます。二〇一六年八月八日の「お言葉」をテキストとして、そこから学びつつ進むつもりです。

〈第一部〉

「象徴としてのお務めについての天皇陛下のお言葉」を熟読する

二〇一六（平成二八）年八月八日宮内庁発表・全文

第一回　「お言葉」は今上天皇自身による「象徴天皇論」

【第一節】
戦後七〇年という大きな節目を過ぎ、二年後には、平成三〇年を迎えます。

【第二節】
私も八〇を越え、体力の面などから様々な制約を覚えることもあり、ここ数年、天皇としての自らの歩みを振り返るとともに、この先の自分の在り方や務めにつき、思いを致すようになりました。

第一節　在位三〇年――時間の経過を踏まえてある現在

最初に「お言葉」の全体を概観しておきたいと思います。全文は一〇節から成っています。どのような節別構成になっているでしょうか。ぼくなりの理解は次の通りです。

第一節　在位三〇年――時間の経過を踏まえてある現在。
第二節　明仁天皇の近況――自らの歩みを振り返り日々思うこと
第三節　「個人としての」問いかけ
第四節　皇室の伝統とその継承――聞こえて来る〝通奏低音〟は「祈り」
第五節　象徴であるということ――全身全霊の務め
第六節　象徴天皇像を求めて――探究と創造
第七節　生前譲位の制度化を求める――摂政代理慣行の拒否
第八節　合理性を欠く現行制度――崩御・譲位・即位の行事や儀式
第九節　皇位の継承――「国民と共に」の祈りの立場から
第一〇節　結語――国民の理解を求めて・国民に直訴する

以上は、各節の内容を要点化したものです。ただ、「お言葉」の全体をひとまず概観しておくには、このようなタイトリングだけでは十分でない気がします。もっと単純なかたちに整理できないか。たとえば、起承転結の論理展開として、「お言葉」の叙述を区分けすることができれば、「お言葉」についてあらかじめの概観を得るのに資するところがあるのではないか。そんな思いから再整理を試みた結果を以下に示します。

起——第一節〜第四節　明仁天皇自身の主体的条件と問題提起の真意（陛下の現実）
承——第五節・第六節　明仁天皇自身の象徴天皇論（本質論）
転——第七節・第八節　現行制度の改革（慣例・行事・儀式など、政策論）
結——第九節・第十節　天皇の安定的継承・皇室の永続（将来展望）

このように再整理してみて気がついたのですが、「お言葉」は、文章こそ短いけれど、今上天皇ご自身による「象徴天皇論」だ、と言っても過言ではありません。
そして、問題の「生前譲位」は、起承転結の「承」にあたる「象徴天皇本質論」を前に置いて、「転」の位置にある「政策論」の一部として主張されています。

今上天皇は「お言葉」を次の一文をもって始めています。曰く、「戦後七〇年という大きな節目を過ぎ、二年後には、平成三〇年を迎えます」と。

たったこれだけの短い一文でもって一節（ワン・パラグラフ）を構成するからには、「お言葉」を発信する陛下の心のなかに、言葉にはできないほどの思いがあるのではないでしょうか。

その思いに耳を傾けたいのです。新聞記事を頼りに、今改めて、ということですが。

ぼくが何を聞いたか、結論を先に書いておきます。陛下は、何年も前から、皇位の継承について心配し、問いかけ、熟慮を重ねた末に、「生前譲位」という解決策を提案してこられた、ということです。

心配、問いかけ、熟慮、提案――このプロセスには、何年もの歳月が費やされています。内閣・政府当局は、いったい、いつまで知らぬ顔の半兵衛を決めこむつもりなのか、ほどほどにしなさい、というのが、陛下のホンネだと思います。

つまり、「しびれを切らして」陛下は、国民に直訴する挙に出るほかはない、と決断されたのが、今回のビデオメッセージだった、と察せられます。事がここに至るまでの、陛下の発言の跡を、新聞記事・宮内庁ホームページに拠りながら辿ってみます。

●平成二〇年（二〇〇八年一二月）――かねて親しい人に、皇室の将来への思いを伝える。

「常に先のことを見越して判断することが大切だと思います」

象徴天皇として自らはどうあるべきか。親交のある男性に、陛下は理想とする姿を切々と語った。「先のこと」には、皇室の将来への思いがにじむ。八年ほど前のことです。

同じ頃、陛下は変調を訴えています。ストレスによる胃腸炎と診断され、宮内庁幹部が「心労や心痛をじっと耐えていらしたと思う」と明かすなど、体調不良が表面化した時期でした。

そして翌年には、記者会見の場で陛下は、問題とその解決の方向について明言しています。記者の問いと陛下の答えを次に示します。

●平成二一年（二〇〇九年一一月）天皇陛下ご即位二〇年に際し

問二◎両陛下はこの二〇年、常に国民と皇室の将来を案じてこられたと思いますが、皇室についてはこの先、皇族方の数が非常に少なくなり、皇位の安定的継承が難しくなる可能性があるのが現状です。昨年末の天皇陛下のご不例の際、羽毛田信吾宮内庁長官はご心痛の原因の一つとして「私的な所見」と断った上で「皇統を始めとする諸々の問題」と発言し、皇室の将来を憂慮される天皇陛下の一面を明らかにしました。両陛下は皇室の現状、将来をどのようにお考えでしょうか。皇太子ご夫妻、秋篠宮ご夫妻を始めとする次世代の方々に期待することも交えながらお聞かせください。

天皇陛下◎皇位の継承という点で、皇室の現状については、質問の通りだと思います。皇位継承の制度にかかわることについては、国会の論議にゆだねるべきであると思いますが、将来の皇室の在り方については、皇太子とそれを支える秋篠宮の考えが尊重されることが重要と思います。二人は長年私と共に過ごしており、私を支えてくれました。天皇の在り方についても十分考えを深めてきていることと期待しています。

上記記者会見は「お言葉」から七年前です。その一年後、「お言葉」から六年前の、二〇一〇年の参与会議において、陛下はもっとはっきりと期限を切っておられます。「このままでは天皇の務めを果たせなくなる。その前に、私は譲位すべきだと思っている」「八〇歳までは務めを果たしたいが、その後は譲位をのぞみます」と。「八〇歳」ということは、二〇一三（平成二五）年ということですから、三年の猶予を置いての期限設定だったということです。しかし、政府はまったく反応しません。首相官邸や宮内庁は五年前には陛下の意向を把握していたというが、無視です。

それからさらに三年が経った、二〇一六（平成二八）年、しびれを切らしたかのように、陛下は「お言葉」の行動に出たられたのでした。今となっては残された時間にあまり余裕がないと思っておられるのかもしれません。また、ほかに選択肢があるとも思えない、そういう事情もあったのではないでしょうか。

陛下としては、内閣の対処を待つ間、どれだけじりじりされたことでしょう。これまで何年ものあいだ、じりじり、いらいらしながら待つだけ待った、しかし我慢もここまで、と決断されたのでは、と察せられます。それが、「お言葉」第一節の、思い切り短いワンセンテンスに表れているように思えます。時間の流れが書いてあるだけで、ほかにはなにもないのですが、そのことからむしろ今上天皇の心中がいかばかりか窺うことができる――そんな気がしてなりません。

■■ 第二節 「お言葉」の主題 ■■

陛下はこのビデオメッセージで何を訴えようとしているのか、その主題ないし趣旨に当たるものを語っておられるのがこの節です。

齢八〇の境を越えた「この先の自分の在り方や務めにつき、思いを致すようになりました」とあるのが、それです。陛下の気持ちを砕いて示すならば、次のようなことではないかと思います。

〝生身の人間としてすでに老い、肉体的に衰えが見え始めた自分ではありますが、天皇の地位にある以上は、当然のことながら、それにともなって、どうしても果たさなければならない「務め」というものがあります。その重い務めを果たすために、自分は天皇としてどうあらねばならないか、天皇である自分の「在り方」が問われていると思います。省みて年齢のことを思うと、不可能への挑戦に近いものを感じつつも、答えを求めて模索してきました。

思いを致す際に手掛かりとなってくれたのは、一つには、「天皇としての自らの歩み」でした（第二節）。いま一つは、「我が国の長い天皇の歴史」でした（第九節）。過去を振り返りつつ思いを重ねて思い至ったところを、今日はお話しするつもりです〟

天皇としての自らの歩み、そして我が国の天皇の歴史を振り返りつつ、高齢化した天皇という自分の立場に目を据えて、天皇の「在り方」や「務め」について思いを致してきた。第二節は、あらましそういう内容だと思います。

陛下がこの主題についていかに思いを致してこられたかは、「お言葉」のほとんどどの節において、これら二つの言葉をキーワードとして使っておられることからも窺われます。これらの言葉がどれだけ、どのように使われているか、傍点で強調して以下に示します。

「天皇の望ましい在り方を、日々模索しつつ過ごして来ました」（第四節）

「従来のように重い務めを果たすことが困難になった場合〜」（第五節）

「これまでのように、全身全霊をもって象徴の務めを果していくことが、難しくなるのではないかと案じています」（第五節）

「私はこれまで天皇の務めとして、何よりもまず国民の安寧と幸せを祈ることを大切に考えて来ましたが〜」（第六節）

「天皇として大切な、国民を思い、国民のために祈るという務めを〜」（第六節）

「天皇もまた、自らのありように深く心し〜」（第六節）〔筆注　在り様＝在り方〕
「これからも皇室がどのような時にも国民と共にあり、そして象徴天皇の務めが常に途切れることなく、安定的に続いていくことを〜」（第九節）〔筆注　共にあり＝共に在り〕

第七節から引用する部分は、ここに別立てで示します。なぜ別立てか。陛下は、ビデオメッセージというコミュニケーションツールを発想された当初より、これだけはどういう形であれ、どうしても伝えなければ、と思っておられたことがありました。

言うまでもありません、生前譲位の提案がそれです。しかし官邸側は、この言葉をそのまま露出させるわけにはいかない、憲法上の制約がある、と言い立てたにちがいありません。それを言うなら仕方がない、天皇としては攻め方を変えざるをえない。「生前譲位」の制度化を妨げている「摂政による天皇行為の代行」という慣例を問題にしよう、「摂政」「代行」制度は「天皇制度」そのものの制度設計上の瑕疵であるということを示唆する、これ以上は譲れない——陛下はここに阻止線を張り、これ以上は退き下がらない、と自ら退路を断たれたのでした。

次に示す第七節の当該部分は、官邸側との間であれこれのやりとりがあったであろうことを感じさせつつ、しかし、にもかかわらずそれをどうにかしのいで言い切った——そういうふうに感じさせる文章です。なお、括弧で内容を補い、傍点でキーワードの存在を示しつつ、引用を進めます。

「この場合（＝天皇の行為を代行する摂政を置く場合）も、天皇が十分にその立場（＝地位）に求められる務めを果たせぬまま、生涯の終わりに至るまで天皇であり続けること（＝あり続ける「在り方」）に変わりはありません」

天皇は生きているが、その地位にはいない、天皇職は空位となる。これは何を意味するか。天皇とは地位である、その地位が空になることは天皇不在を意味する。天皇は生きてはいるけれども、天皇としてその地位を務めていない。天皇としての務めを果たすことができないにもかかわらず、天皇がその地位に止まることは許されない。事実上、天皇はいないのだから。

ここで憲法七条がものを言う。曰く「摂政は、天皇の名で、その国事に関する行為を行う」と。ここに「天皇の名で」とある「名」とは、名代・代理・名目を意味します。要は、摂政に天皇代行を務めさせるということだ。この場合、もちろん摂政は天皇ではない、その代行に過ぎない。摂政はあくまでも摂政という地位がその務めであり、間に合わせの処置として「天皇代行」の看板を掲げるにすぎない。代行の看板は、逆に、天皇の不在を物語ることになる。やはり、ここでも天皇はいないのだ。

天皇はいるのかいないのか、いるとしたらどこにいるのか、誰なのか。これらを問われたとき政府は、きっぱりと確信をもって答えることができるでしょうか。

生前譲位の制度化に取り組むことを怠り、摂政代行主義をもってよしとするのは、その場しのぎの便宜主義であって、それこそまさに天皇の尊厳を侵すものだ、と非難されて然るべきである。

——陛下は心中秘かにそう思っておられるにちがいありません。

それにしても今上天皇が、現行の天皇制度の在り方について、そもそもの「制度設計」それ自体を見直す必要がある、と感じられたのは、いつ頃のことなのか、またどのような事情があってのことなのでしょうか。

これについては、二〇一六年一〇月一八日の朝日新聞が次のように伝えています。

「複数の関係者は、昭和天皇から皇位を引き継いだ即位の頃には、すでに将来的な退位を見据えていた、と見る。

背景に、晩年の昭和天皇の存在がある。昭和天皇は一九八八年九月に大量吐血し、逝去する翌年の一月まで、闘病は一一一日間に及んだ。その間、皇太子だった陛下は国事行為の臨時代行を担い、外国からの賓客とも対面した。

そこで、陛下は「天皇が存在しながら、代理である自分が対応することは相手に失礼ではないか」との思いを募らせていく。二〇～三〇代の頃、同じく昭和天皇の名代として諸外国を回った際も同様の思いを持ったと、陛下は周囲に話した」

三谷太一郎・東京大学名誉教授は、朝日新聞・オピニオン&フォーラム「『お言葉』から考える」のなかで、陛下のお気持ちを汲んで、次のように述べています。

「国民統合の象徴としてその任務に全的責任を負う、その責任が果たせなくなったら自分の意思で退位する。それを『新しい伝統』にしたい。摂政設置論に否定的な理由はそこにあると思います」

「お言葉」の主題を問いかける際の二つのキーワード、「在り方」と「務め」に導かれて「お言葉」の全文を検討するうちに、結論を先取りするかたちになりました。

とはいえ、「お言葉」を読み解く作業は、起承転結の「起」を始めたばかりです。引き続き「明仁天皇自身の主体的条件と問題提起の真意（陛下の現実）」を見てゆきたいと思います。

第二回　「個人」としての問いかけ

【第三節】
本日は、社会の高齢化が進む中、天皇もまた高齢となった場合、どのような在り方が望ましいか、天皇という立場上、現行の皇室制度に具体的に触れることは控えながら、私が個人として、これまでに考えて来たことを話したいと思います。

■第三節　天皇が高齢化した場合の天皇の在り方■

この第三節にきて初めて陛下は、「お言葉」を語る自身の立場というものについて言及しています。「私が個人として、これまでに考えて来たことを話したいと思います」と。

「個人として」とは、なんと重い一言ではないでしょうか。陛下が「個人」の資格における発言を決断するには、長い静思の時の経過というものがあり、その間よくよく熟慮をめぐらされたに違いありません。この「個人として」をどのように受けとめればよいのか、それを考えるのが、第三節の課題です。

どうして陛下は、静思と熟慮の長い時間を必要とされたのか？　憲法が「天皇」の「個人」について何も規定していないからです。そもそも「天皇個人」という存在を認めていないからです。「天皇」というのは「地位」です。

「第一章　天皇」の中身を、見ておきます。

第一条◎「天皇は、日本国の象徴であり日本国民統合の象徴であって、この地位は、主権の存する日本国民の総意に基く」。天皇の地位とその務めに関する規定です。

第二条◎皇位の世襲と継承についての規定です。

第三条・第四条◎天皇に対して割り振った、ほとんどロボット同然の国事行為に対してさらに厳しい掣肘を加える規定です。曰く、

第三条「天皇の国事に関するすべての行為には、内閣の助言と承認を必要とし、内閣が、その責

任を負ふ」天皇の国事行為の責任主体は内閣だと言っています。

第四条「天皇は、この憲法の定める国事に関する行為のみを行ひ、国政に関する権能を有しない。」

政治について余計なことを言うなよ、としつこく言っています。

第五条◎摂政規定。

第六条・第七条◎国事行為の内容。任命、公布、国会の召集・解散、認証、授与、接受、儀式など。これらは要するに、「形式」的行為です。これら国事行為は、すべてパターン化されており、何をどうするか、の手順に至るまで、すべてについて、あらかじめ決めてあります。

第八条◎皇室の財産授受は国会の議決に基づかなければならない。


憲法「第一章　天皇」に書いてあることは、これがすべてです。

天皇「個人」に関する規定はどこにもありません。

天皇「個人」については何も書いていないのです。無言です。

憲法は、「制度上の地位」である天皇について規定しているのであって、天皇「個人」については関知しない、と言わんばかりです。

「関知しない」のであれば、天皇は個人としての自由な言動が許されてよいはずです。しかし、許されていない。天皇は、現実には一個の個人ではあっても、個人（人間）であるより前に、何よりもまず「地位（制度）」でなければならない、と考えているからでしょう。

天皇が個人であることは許されない——そういうことが、どこかに明記されているわけではないけれども、だれもがそう信じて疑わない。一種の不文律というか掟というか、その種のものがあるような気がしてなりません。

このことを身に沁みて承知している陛下にとっては、「個人として」考えてきたことを表明するなどという、普通人にとってはなんでもないことが、ある種の決断を必要とする重大事なのだと思います。だからこそ、見解を表明する「お言葉」の最初のところで、自分を拘束している〝縛り〟の存在に留意するつもりだ、との断りの文言を書いて、内閣の了解を得る、そういう恰好をとらなければいけなかったのだと思います。

「天皇という立場上、現行の皇室制度に具体的に触れることは控えながら」というのが、その部分です。

「お言葉」の最終案は、このように断りの文言が最初に来ていますが、陛下の本当の気持ちからすると、この部分は〝但し書き〟程度のものだったのではないでしょうか。

陛下の気持ちのままを言うと、こういう感じかも知れません。

——現行の皇室制度について私は、とくに高齢となってからは何年も前から、個人として、思いを致し、考えを重ねて来ました。その、考えて来たことを話したいと思います。ただ、個人として話すと言っても、天皇という立場がありますから、今日の制度についてあれこれと具体的に立ち入って議論をすることは遠慮せざるをえないのですが。
天皇というのは、「個人＝私」として自分の考えを述べることさえも容易には許されない、そういう存在なのですね。

それにしても、天皇が「一個人として」「私の責任において」「直接」国民に問う、ということ自体、帝国憲法時代の天皇のばあいだと、想像することさえできなかったはずです。「一個人」もない。「私」もない。だから、もちろん、その、国民に対する「直接性」もない。天皇が個人であることを身をもって体験することなど、なかったのではないでしょうか。

いつ頃のことでしたか、たまたま見たＴＶのニュース番組は、天皇・皇后両陛下がある被災地の避難所を訪ねて、被災者を見舞っておられる様子を伝えていました。その光景が忘れられません。
体育館かなにか、大きな建物のなか、板張りの床の上は難を逃れて来た人たちで一杯です。カメラは、両陛下が入り口を入ってくるところからとらえています。お二人は、一人でも多くの人と直に触れ合いたい、声をかけたい、声を聴きたい、少しでも慰め、励ますことができれば――その一心です。しかし、時間は限られています。いきおい中腰のままとか、かがみ込んでとか、床に膝をついてとか、あやうい姿勢にならざるをえません。でも、お二人は、みんなと同じ目の高さのところまで腰を落として、相手をしっかり見つめて、話しておられます。言葉はわずかに二言三言なのですが、そうではあっても、被災者の身の上を案ずる両陛下の気持ちは、その場に居合わせたすべての被災者たちの心へとしっかり届いているのでした。

両陛下が自分たちの身の上を心配してわざわざ見舞いに来て下さっている——被災者たちの感激は、筆舌に尽くせぬものがあるに違いありません。彼らは、天皇が自分たちと同じ、血の通った一個の人間であることを、目の前で見て知りました。

陛下の衷心より発する「被災地お見舞い」という行為は、被災者国民の心を動かしました。そして、彼らが体験したその感動は、ブーメランのように、両陛下の胸に帰って来るのでした。これはいったいどういうことでしょうか。

彼らの感動を受けとめる陛下ご自身の心の中に、「天皇」という地位によっては尽くすことのできない、「個人」という在り方が生まれる——そういうことではないかと思うのです。「明仁」という名の「個人」が、天皇という地位を務めながらも、その地位から引き剥がすことができない、その「個人としての存在」を主張する。

今上天皇は、自らのうちに、そういう二重性を抱えつつ「天皇」を務めて来られたのではないか、と思うのです。

であるからこそ陛下は、「個人として」これまでに考えて来たことを話したい、と語ることができるのだと思います。このように言い切ることができるのは、一九八九年五五歳の即位のその時以来、否、皇太子の時代から、陛下は、象徴天皇のあるべき「在り方」をめぐって探究の日々を過ごしてこられたからだと思います（この点については第五節・第六節で詳論します）。

ところが、〝「個人として」の天皇なんて認めない、とんでもない〟と言わんばかりの主張をする人たちがいます。ここでは、新聞報道（二〇一六年一一月一五日）のなかから、渡部昇一氏（故人）と評論家櫻井よしこ氏の発言をとりあげ、紹介します。

まず、渡部昇一氏の発言です。

「天皇陛下が国民の前でお働きになり、任務を果たされることは非常にありがたく思う。しかし、それは必要ないのだと、陛下に伝える人はいないのだろうか。（中略）天皇の仕事は国民の目に見えるところであるのみならず、一番大切なのは、国と国民のために祈り続けてくださることだ。（中略）宮中で国と国民のためにお祈り下さればそれで十分なのだ」

次に、櫻井よしこ氏です。

「天皇は、いて下さるだけで有り難い存在だ。天皇に求められる最重要のことは、祭祀を大切にして下さるという御心の一点に尽きる。その余のことを天皇であるための要件とする必要性も理由もない」

渡部氏や櫻井氏の天皇論は、要するに、天皇を宮中に幽閉する、天皇を犠《いけにえ》として神様にささげる、天皇にとって祈禱以外は余事だと言わんばかりです。天皇を思い切り高いところまで持ちあげる、これより上はない頂点として、絶対の権威として祀り上げる、というやりくちです。

事実、自民党の「日本国憲法改正草案」においても、同工異曲の手口が使われています。すなわち、草案第一条の冒頭を、「天皇は、日本国の元首であり」と始めておいて、その後に現行日本国憲法第一条の条文を付け加えているのがそれです。この加筆部分と現行第一条部分とは、整合しないばかりか、齟齬をきたすのですが、お構いなしです。彼らが狙っているのは、天皇の〝格上げ〟（＝実は棚上げ）です。

彼らが言いたいことはこうです。

——天皇が「日本国及び日本国民統合の象徴」であるとか、その地位が「主権の存する日本国民の総意に基づく」とか、そんなことはどうでもよい、いちばん大事なことは「天皇は日本国の元首である」ということだ、偉大なのだ、great なんだぞ、と。

実は、もっとズバリと言いたいことがあって喉元まで迫りながら我慢している彼らのホンネを言えば、〝国民統合の象徴天皇〟なんて、まっぴらご免を蒙りたい、天皇は元首なのだ、そして元首であるとは統治権力であるということだ――そう言うことでしょう。

口に出して言うことにためらいを感じてしまうのは、大日本帝国憲法第一条を想起させるからではないでしょうか。

「大日本帝国ハ万世一系ノ天皇之ヲ統治ス」というアレです。日本近代史のその後をたどるとき、彼らでさえ、天皇「元首＝統治権力」規定については不吉なものを感じざるをえないのかも知れません。

厄介なことに、陛下が相手にしているのは「この類いの人間」だということです。位置関係は、官邸と宮内庁、宮内庁を間に挟んで天皇陛下、というものです。この構図のなかでの、数度にわたる応酬を経て、なんとか折り合って出来たのが、ぼくらの知るビデオメッセージの「お言葉」です。

内閣府は、巨大ですし、複雑怪奇です。当然、膨大な数の職員と巨額の予算が投じられています。組織の全体を把握することなど、とてもできそうにありません。それにひきかえ、宮内庁は組織の規模も小さいですし、力もありません。組織替えのたびに凋落の一途をたどって来たことが、職員数の減少に表れています。

もともとの組織は「宮内省」でした（終戦当時の職員数六二〇〇人）。それが、新憲法のもとでは「宮内府」へと地位を下げられます（昭和二二年の職員数一五〇〇人弱）。さらに昭和二四年には「宮内庁」（総理府外局）に格下げです。そして平成一三年内閣府設置法により、「宮内庁」は内閣府へと吸収されます（平成二八年末の職員数一〇〇九人）。

以上だけをみても、天皇および皇室に関わる行政機関が、戦後一貫して、人員整理・予算削減のターゲットになって来たことがわかります。この傾向は、ひいては、天皇軽視につながるのではないでしょうか。今上天皇をとりまく構図および状況が以上のようですと、陛下がいかに困難な環境のなかで、「お言葉」を発信されたか、心中察するにあまりあると言わざるをえません。

第三回　神聖天皇か象徴天皇か

【第四節】

即位以来、私は国事行為を行うと共に、日本国憲法下で象徴と位置づけられた天皇の望ましい在り方を、日々模索しつつ過ごして来ました。伝統の継承者として、これを守り続ける責任に深く思いを致し、更に日々新たになる日本と世界の中にあって、日本の皇室が、いかに伝統を現代に生かし、いきいきとして社会に内在し、人々の期待に応えていくかを考えつつ、今日に至っています。

■■第四節（一）――皇室の伝統■■

「お言葉」第四節は、二つの文章からなっています。最初の文章はいつもの陛下の文章らしく、誰が読んでも直ぐわかります。即位以来、自分は象徴天皇の在り方をずっと考えて来た、ということです。ところが、二番目の文章はきわめて難解です。何度読んでも活字の向こうにある、それを書いた人の心に届きません。陛下のいつものわかりやすい文章からすると、どうもどこかが違うような気がしてならないのです。どうしてなのか？　そのことを考えることから始めたいと思います。

まず、各々の文章を示します。

第一の文章。

「即位以来、私は国事行為を行うと共に、日本国憲法下で象徴と位置づけられた天皇の望ましい在り方を、日々模索しつつ過ごしてきました」

第二の文章。

「伝統の継承者として、これを守り続ける責任に深く思いを致し、更に日々新たになる日本と世界の中にあって、日本の皇室が、いかに伝統を現代に生かし、いきいきとして社会に内在し、人々の期待に応えていくかを考えつつ、今日に至っています」

第一の文章から第二の文章へ移るとき、えっ？　と思いました。接続詞も主語もなくて、冒頭いきなり「伝統の継承者として」と始めています。そしてこの文章の中程にも「いかに伝統を生かし」と出てくるのですが、この「伝統」が何の伝統を意味しているのか、どこにも書いてないのです。ヘンだと思われませんか。

陛下の元々の原稿は、「皇室の」伝統であると明記してあったはずです。「皇室の伝統の継承者として」ないしは「皇室の伝統を継承する者として」というふうに。

天皇の長い歴史のなかで、天皇を「象徴天皇」と規定したのは、現行の「日本国憲法」が初めてです。その「望ましい在り方」を模索していくなかで陛下は、皇室の先祖が天皇という立場をどのように務めてきたかを調べ、学ぶべきよき事績はこれを「伝統として継承し」て、自ら実行し、後生に引き継いでいこうとされたに違いありません。

これは、陛下の基本的な考え方であって、「お言葉」以前に、同じ趣旨のことは何度も述べておられます。例えば、ということで、記者会見での談話を二つ挙げます。いずれも、「皇室の」「長い歴史」のなかで、「伝統的な天皇の在り方」に言及しています。

まず、「天皇皇后両陛下御結婚満二五年に際しての記者会見」（一九八四年四月六日）から。

「日本の皇室は、長い歴史を通じて、政治を動かしてきた時期はきわめて短いのが特徴であり、外国にはない例ではないかと思っています。

政治から離れた立場で国民の苦しみに心を寄せたという過去の天皇の話は、象徴という言葉で表すのに最もふさわしいあり方ではないかと思っています。私も日本の皇室のあり方としては、そのようなものでありたいと思っています」

「日本の皇室のあり方として」「最もふさわしいあり方」は、「政治から離れた立場で国民の苦しみに心を寄せた」過去の天皇の姿にあるのであって、直接「政治を動かしてきた時期はきわめて短い」例外である、というのが主旨です。

次に、「天皇皇后両陛下御結婚満五〇年に際しての記者会見」（二〇〇九年四月八日）から。

「大日本帝国憲法下の天皇の在り方と日本国憲法下の天皇の在り方を比べれば、日本国憲法下の天皇の在り方の方が、天皇の長い歴史で見た場合、伝統的な天皇の在り方に沿うものと思います」

ここでは、大日本帝国憲法と日本国憲法と、二つの憲法の名前を挙げて問うています。

「天皇の長い歴史で見た場合、伝統的な天皇の在り方に沿う」のはどちらか、と。そして皇室の伝統を継承しているのは、現行の日本国憲法下の象徴天皇のほうである、と答えているのです。

安倍首相たちが「お言葉」の原稿について許しがたいと思った――と察せられる――のは、今上天皇が「天皇の歴史」「皇室の伝統」を引き合いに出して、「大日本帝国憲法下の明治天皇制」を全面的に否定している点です。

陛下は「天皇不執政の伝統」(政治に距離を置く伝統)に学び、これを継承するところに、「象徴天皇」のあるべき姿があると確信しています。他方、安倍首相たちの「自民党憲法改正草案」は、その第一条の冒頭に、「天皇は、日本国の元首であり(云々)」とうたっています。現行憲法の「象徴」規定の前に「元首」規定を置いているのです。天皇の元首への〝格上げ(=実は棚上げ)〟です。天皇権力の政治利用の意図が見え隠れします。

「お言葉」第四節についての安倍首相たちの要求は、次の二点にあったのではないでしょうか。一つは、おそらくは元原稿には「皇室の伝統の継承者として」とあったであろう文章のなかから、「皇室の」の文言を削除して、「日本の」に変えよ、というものだったと思います。いま一つは、最初に挙げたぼくの言う「第二の文章」の中程の二箇所に「日本」を加筆せよ、というものだったのではないでしょうか。

彼らのこの要求の意味を理解してもらうには、陛下の元原稿を想定して示す必要があります。へたくそな文章で申し訳ないですが、陛下はおおよそ次のような主旨で書いておられたものと推測致します。

たとえば、

「象徴天皇のあるべき姿を模索するなかで私は、皇室の伝統を継承する者として、これを守り続ける責任に深く思いを致すとともに、日々新たになる世界の中にあって、皇室がその伝統を現代に生かし、(云々)」

といったふうに。

この表現で、陛下が伝えようとされた文意は伝わるはずだと思います。ところが、安倍首相たちは気に入りません。「日本」がどこにも入っていないではないか、というわけです。ならば、ということで、無理矢理「日本」を入れます。「日々新たになる日本と世界の中にあって、日本の皇室が、いかに伝統を現代に生かし(云々)」と。

ぼくは加筆の必要がないと思います。無意味だからです。それにしても、どうして、このように「日本」を露出させる結果になったのでしょうか。

先に指摘したように、安倍首相たちは、陛下の「皇室の伝統を継承する者として」を否定し、「日本の伝統の継承者として」を主張したものと察せられます。これに対して陛下は、「日本の伝統」

などという意味不明の文言は採用できない、と強く主張されたに違いありません。結果は痛み分けで、「皇室の」も「日本の」もない、ただの「伝統」の継承者、ということになったものと推察されます。

ここで「日本の伝統」という表現を押し通すことができなかった官邸側は、どこかで無理にでも「日本」を露出させなければ、との思いに駆られたのでありましょう。

彼らが言いたいのは、要するに、こういうことでしょう。

——日本国憲法第一条の天皇規定に「日本国」「日本国民統合」「日本国民」と三回出てくる「日本」は、いずれも日本という「国家」を意味する。その点をよくよく意識して第一条を読むと、条文は以下のようになるはずである。すなわち、「天皇は、日本国という国家の象徴であると同時に、日本国による国民統合の象徴でもあって、この地位は、主権の存する日本国国民の総意に基く」というふうに。

こうなるともう、自民党改憲草案の問題意識そのものではないでしょうか。彼らの主張はおおよそ以下の通りだと思います。

天皇は、「国民の天皇」「日本国民の天皇」であるより以前に、まず「国家の天皇」「日本国の天皇」でなければならない。このことを全国民に周知徹底させるためには、第一条のド頭に「天皇は日本国の元首である」とうたわなければならない。「象徴」であるより前に「国家元首」なのだ、と。「国民皆の天皇」であるより前に、神聖にして侵すべからざる「国家の天皇」なのだ、と。今上天皇の象徴天皇論には「象徴」があるのみで、「日本国」「日本国家」がない、それが問題なのだ、と。

結局、安倍首相たち官邸側が目指しているのは「大日本帝国憲法」の方であり、彼らの目論みは「神聖天皇」*注の再登場にある、ということです。「神聖天皇」とは何か。「大日本帝国憲法」「第一章天皇」の条文に明記してあります。彼らの天皇の何たるかを知るには、次に示す四つの条文を一読すれば十分でしょう。曰く。

第一条　大日本帝国ハ万世一系ノ天皇之ヲ統治ス
第三条　天皇ハ神聖ニシテ侵スヘカラス
第四条　天皇ハ国ノ元首ニシテ統治権ヲ総覧シ（云々）
第十一条　天皇ハ陸海軍ヲ統帥ス

*注　「神聖天皇」というネーミングは、片山杜秀・島薗進著『近代天皇論』（集英社、二〇一七年）に拠るものです。

これだと天皇は、国家そのもの、政治そのものです。天皇と国家、天皇と政治が、合体しています。あるいは、国家ないし政治のなかに天皇を取り込み、押さえ込んでいます。

今上天皇からすると、言うところの「神聖天皇」は「天皇」の名に値しません。すでに紹介した陛下の言葉に明らかなように、このような天皇の在り方は、皇室における「天皇不執政の伝統」(政治に距離を置く伝統)に反するからです。

この「伝統」の意味するところは、非常に重要だと思います。「政治に距離を置く」にしても「国家に距離を置く」にしても、「距離を置く」というそのこと自体に、わが国の天皇の伝統的な在り方が「象徴」としてのそれである、と示唆されているのではないでしょうか。

同じこのことについて、逆の表現をして考えてみます。――天皇が政治ないし国家との距離をつめて一体化したばあい、天皇ははたして象徴たりうるか、と。象徴するものとされるものの間に隔たりがあること、その距離の存在こそが、象徴ということを成り立たせている条件なのではないでしょうか。

今上天皇は、日本国憲法が天皇を「象徴」として位置づけている点をとらえて、むしろこの国の天皇の在り方について妙に言い当てているように感じる――といった趣旨のことをどこかで述べておられたような気がします。どこにその文章が書いてあったか、今は想い出すことができないのですが、それを目にしたとき、陛下ご自身が、「象徴天皇」についてどこまでも考えぬいてこられたのだなあ、とある種の感慨を抱いたことでした。

神聖天皇が国家（政治）との一体化のもとに置かれるのに対して、象徴天皇は「天皇不執政の伝統」のもとで国家（政治）とのあいだに距離を置くのが、その在り方です。

両者のこの違いは、国民に対する関係をも規定します。神聖天皇は、国民に対して「上から君臨」します。象徴天皇は、国家（政治）から距離を置いているおかげで、「国民とともに歩む」ことができます。この違いが決定的であることについて今上天皇は、皇太子の頃から、それも皇后がいまだ正田美智子さんであった頃から、非常に自覚的であったとの指摘があります。斉藤利彦著『明仁天皇と平和主義』（朝日新聞社、二〇一五年）から引用します（なお、文章の趣旨は保阪正康著『明仁天皇と裕仁天皇』講談社二〇〇九年に拠る、との著者の注釈があります）。

「皇太子は美智子妃に何度か電話をかけ手紙を送ったという。その中で、自分はどのような天皇像を求めるのか、天皇がかつてのように神であったり、上から君臨する形では決してなく、国民とともに歩み、憲法を尊重した新しい形の皇室を作っていきたいとの意志を明確に示したという」

明仁皇太子は、正田美智子さんとお付合いを始められて一年余りで結婚しておられます。ご成婚は一九五九年（昭和三四年）ですから、上記の「理想の天皇像」はちょうどその頃、皇太子二五歳前後のものだと思われます。陛下の理想は当時から一貫しており、「国民とともにある」天皇という理想の自画像に迷いはありません。その一貫性を証すために、同じ趣旨の談話を選んで次に示します。

まず、四九歳のお誕生日記者会見での談話です（一九八二年一二月一七日）。

「（記者の発言の）『国民に親しまれる皇室』ということは、私は言った記憶はないんですけれども。ただ国民とともに歩む皇室でなければならないと。（中略）国民の苦労はともに味わうということを昔の天皇はしていらしたわけです。そういう意味で、国民とともに歩むという意味で私は使ったと思います」

次に、七二歳のお誕生日記者会見での談話です（二〇〇五年一二月一九日）。

「私の皇室に対する考え方は、天皇及び皇族は国民と苦楽をともにすることに努め、国民の幸せを願いつつ務めを果たしていくことが皇室のあり方として望ましいということであり、また、このあり方が皇室の伝統ではないかと考えているということです」

「国民とともに歩む」「国民と苦楽をともにする」との表現に見られるように、「～とともに」という言葉を大切にしておられます。国民と天皇とは、立場も役割も「違う別々の」存在です。だからこそ、「ともに」歩んでいく必要があるし、「苦楽をともにする」必要があるのでしょう。この「ともに」ということが大事なのだ、と上記引用文のうちの前者、皇太子時代の談話は指摘しています。

おそらく記者の誰かが、「殿下は〝国民に親しまれる皇室〟を理想（目標）としておられるのですか」みたいな質問をしたのではないでしょうか。

明仁皇太子は、上記の通り、自分は「国民とともに歩む皇室」ということを言っているのであって、「国民に親しまれる皇室」というふうには言った覚えがない、と述べています。

彼は立ち入った議論をしていませんが、時間が許せば、あらまし以下のようなことを述べていたのではないか、と想像するところを書きます。

曰く。上記の二つ――「ともに歩む皇室」と「親しまれる皇室」は、似ているように聞こえますが、決定的に違います。「親しむ・親しまれる」というのは、「なれ親しむ」「馴染む」「なつく」などの言葉を連想させませんか。

さらに印象の悪い言葉で言うと「馴れ合う」とか。英語でいうと、be familiar とか melt together

とか。そういう関係の在り方は、天皇（皇室）と国民の関係の在り方に関するかぎり、きわめて適切さを欠いているのではないでしょうか。

天皇と国民の間の隔たりをなくして一体化する、両者の違いを無視したうえで、あたかも同化しているかのように思いこむ、このことは、天皇と国家の関係におけるそれと同じで、天皇の伝統的な在り方にそぐわないと思います。——等々です。

天皇が国民を見るその眼差しについても、同様のことが指摘できるのではないか——そんな思いを抱いてきました。

「神聖国家」の時代、吉田松陰をはじめ維新の志士たちは「一君万民」を叫びました。曰く。神聖なる天皇「一君」による統治あるのみ、あとの国民は上下の別なく万民平等の社会でなければならない、と。

天皇は国民（臣民・赤子）に向かって何と呼びかけたか。爾（汝）億兆、と。「万民」の「万」にせよ、「爾億兆」の「億兆」にせよ、つまりは「数」です。国民は単なる数だ、と。それも、まとめてなんぼの、つまり万なり億兆なりの全体があって、そのうちの「一」にすぎない存在が国民なのだ、と。one of all です。

存在すると称する all がすべてで、それを構成するはずの one のことなど知ったことではない——そういうお国柄を好しとするということですよね、これだと。

では、今上天皇は国民に向かって何と呼びかけておられるでしょうか。「国民皆」です。ぼくは、この言葉づかいがとても気に入っています。読んでも聞いても、心地よく、好ましく感じます。

昔、子供の頃に聞いたのかどうか、おぼろげな記憶しかないのですが、英会話のラジオ番組のイントロに、♪come, come, everybody（みんな，みんな、おいで～）という音楽があったような気がするのです（間違っていたら、ごめんなさい）。

誰も彼も皆、と呼びかけているんですよね。一人一人に、皆に。辞書でeveryを見ると、「each of all」とあって、次のように解説しています。「単数構文をとる：多くのものにつき個々に見てこれを総括し、従ってallや個別的なeachよりも意味が強い」と。陛下は「ともに歩む」国民「一人一人」に向かって語る気持ちで、「国民皆」と呼びかけておられるのではないでしょうか。

第四回　国家神道と皇室祭祀

【第四節】

即位以来、私は国事行為を行うと共に、日本国憲法下で象徴と位置づけられた天皇の望ましい在り方を、日々模索しつつ過ごして来ました。伝統の継承者として、これを守り続ける責任に深く思いを致し、更に日々新たになる日本と世界の中にあって、日本の皇室が、いかに伝統を現代に生かし、いきいきとして社会に内在し、人々の期待に応えていくかを考えつつ、今日に至っています。

■■ 第四節（二）　皇室の伝統 ■■

今回は「皇室祭祀」について考えます。今上天皇が模索してきた「象徴天皇」制におけるソレと、安倍官邸側が理想として想い描いているであろう「神聖天皇」制のもとでのソレとでは、イメージからしてまるで別のものであろうと察せられます。

どう違っているのかと考えるきっかけとなったのは、『近代天皇論』（片山杜秀・島薗進著、集英社）のなかの、両氏のやりとりの次の部分です。


島薗◎（前略）生前退位を認めないと主張する論者たちは、生前退位が天皇の神聖性を脅かすという理由に重きを置き、そう主張しているのです。

　彼らは戦後の天皇がその神聖性を薄めて、国民とともにある人間君主であることが、まちがったことだと考えているのです。

片山◎有識者会議のヒヤリングで櫻井氏（評論家櫻井よしこ氏＝引用者註）が「求められる最重要なことは、祭祀を大切にしてくださるという御心の一点に尽きる」と述べたこととも一致しますね。

島薗◎そうです。彼らの主張は、尊い「国体」を護るという神聖国家の信念に基づいています。ただ、祭祀を大切にするのが伝統だと言っても、戦前期にあった一三の皇室祭祀のうち一一は明治期につくられたものです。つまり新しい伝統をフィクションとして創造した「上からのナショナリズム」です。


櫻井よしこ氏によると、尊いのは国民ではない「国体」である、その「尊い国体」を護る祭祀こそが皇室の伝統なのだ、ということです。

しかし、「皇室の伝統」とか、あるいは「祭祀」「神事」とか、威風堂々たる立派なものが受け継がれてきたかのように言っても、実際にはそんなものはなかった、だから明治になって慌てて造らざるをえなかった、それが実態だ、というのが島薗氏の指摘でしょう。ぼくは戦前の皇室祭祀について何も知りませんが、以下に示す歴史的事実からして、島薗氏のご指摘の通りだと察することができます。

古代の飛鳥・奈良・平安時代は天皇親政・祭政一致の時代でしたから、天皇たちが時代を動かしていたに違いありません。しかし、その後の武士の時代となると、天皇たちは打ち捨てられたも同然の酷いあしらいを受けます。その何百年ものあいだ、貧しい、苦しい、悲惨な天皇家苦難の歴史が、実は延々と続いたというではないですか。

平安末期から鎌倉時代に始まり、そのあと建武の中興から南北朝の動乱へ、そのなかで室町幕府が成立しますが、世は治まらず応仁の乱から戦国時代へ。江戸二百数十年の平和があったとはいえ、禁中並公家諸法度の支配下にあるわけですから、御所の塀の外へは一歩たりとも出ることができない幽閉の身であり、掘建て小屋同然の住まいで辛うじて糊口をしのぎ、なんとか生きながらえていくしかない――そう言っても決して大袈裟でない暮らしぶりだったと伝えられているのが、天皇家の歴史だと思います。

だとすると天皇たちは、形のうえでは「統治する側」にあったとしても、実際にはむしろ「統治される側の存在でもある人間」として「人々とともに」生活の辛酸をなめてきたのであって、だからこそ、彼ら天皇たちは、生活苦を抱えた同時代の人々の身の上に、自分たちのそれを重ね、民の苦境を我が事のように受けとめ、その行く末に幸あれと願わずにはおれなかったのではないでしょうか。

天皇たちは、民百姓とともに、貧困・苦悩・悲哀の当事者です。自らの人生において、身をもって、それを思い知っています。当時の天皇たちは、民百姓とともに、生きることの困難の当事者だったからこそ、ともに在ることを身に沁みて感じていたし、感じてきたからこそ、それを「表出」することができる、と思っていたにちがいありません。

このような当時の天皇たちの精神の在り方を一語で表しているのが、実は日本国憲法第一条の「象徴」という概念なのではないか、さらに言うと、そのような意味での「象徴」としての天皇の在り方が日本の皇室の伝統なのだ——今上天皇は、こんなふうに考えておられるのではないかと察します。

ここで、今上天皇の言葉を引用します。

「天皇が国民の象徴であるというあり方が、理想的だと思います。天皇は政治を動かす立場になく、伝統的に国民と苦楽をともにするという精神的立場に立っています。

このことは、疫病の流行や飢饉にあたって、民生の安定を祈念する嵯峨天皇（平安時代・在位八〇九～八二三）以来の写経の精神や、また、「朕、民の父母と為りて徳覆うこと能わず。甚だ自ら痛む」という後奈良天皇（室町時代・在位一五二六～一五五七）の写経の奥書などによっても表されていると思います」（『読賣新聞』昭和六一年五月二六日付朝刊、同新聞への文書回答）

「国民の象徴」という言葉について陛下は、「伝統的に国民と苦楽をともにするという精神的立場」と書いておられます。そして、「民生の安定を祈念する」「写経の精神」とも。

皇室の神事祭祀の本質に触れる思いがします。

たまたまですが、ドナルド・キーン著『明治天皇（一）』を再読していて、国民と苦楽をともにする天皇の姿を見る思いがしました。その部分を以下に示します。

「ふだんは民衆から隔絶している禁裏の天皇でさえ、少なくとも過去に一度は飢饉の苦しみを知る機会があった。天明七年（一七八七）、約七万人の群衆が御所を取り巻き、あたかも神に祈るごとく飢餓救済を天皇に祈ったことがあった。光格天皇と後桜町上皇はこれに同情し、飢える民衆に施せるだけのものを分け与えた。光格天皇は人々の悲惨な状況にいたく驚き、先例を破って幕府に民衆の窮状を救うよう申し入れまでしている。天皇が国の政治に口をはさむなど、徳川幕府始まって以来のことだった」

この江戸時代の天皇上皇の振る舞いに重なるようにして想い出されるのは、今上天皇皇后が、東日本大震災（平成二三年三月一一日）の五日後にテレビを通じて発せられたビデオメッセージのことです。山本雅人著『天皇陛下の本心』（新潮社）の当該部分です。

「（次の『　』は陛下のメッセージの最後の部分です）『被災した人々が決して希望を捨てることなく、体を大切に明日からの日々を生き抜いてくれるよう、また、国民一人一人が被災した各地域の上にこれからも長く心を寄せ、被災者とともにそれぞれの地域の復興の道のりを見守り続けていくことを心より願っています。』

被災者だけでなく、被災地から遠く離れた人も含む国民全体にも向けられている点が重要だ。そこには、『国民と苦楽をともにする』という陛下の思いが貫かれている。

両陛下は、那須御用邸の職員用入浴施設を近隣地域の避難者に開放したり、皇室用の御料牧場の生産物である卵や野菜などを避難所に提供されることを決められた。原発事故に伴い計画停電が実施されると、両陛下も御所にて『自主停電』し、その際には、『大勢の被災者、苦しんでいる人たちがおり、電源すらない人もいる。私の体調を気遣ってくれるのはありがたいが、寒いのは厚着をすればいいだろう』という趣旨のご発言があったことを羽毛田信吾・宮内庁長官（当時）が明かした」

こうして見てくると、明治の王政復古に至るまで天皇家の人々が大事にしてきて、今上天皇がそれを引き継ぐ形でとり行なわれている宮中の神事祭祀というのは、ぼくらの思い込みとはまるで違うものなのかもしれません。儀式張った仰々しいものではなく、ましてや威風あたりを払うなんて、統治権力の衝に当たる勢力がその権勢ぶりを見せびらかすのとはまるっきり反対の行為のような――水と油ほども違う気がしてきます。

武家政治のもとで何百年ものあいだ歴代の天皇が行ってきた神事祭祀は、「祈り」とか「写経」とかの言葉が出てくるところから察するに、すぐれて内面的なものだったのではないでしょうか。後の天皇のためにとの趣旨で著した天皇の著書があるそうです。平安時代の宇多天皇による『寛平御遺誡』、鎌倉時代の順徳天皇による『禁秘抄』、などがそれです。

それらの書物が後続の天皇に言い遺している教えとは、神事を大切にすること、学問を深めること、万人に対して常に公平であること、国民のことを常に思って幸せを祈ること、だったと言います。

それは、神事祭祀と自身の内面、そして国民への祈り、これら三つの世界がつながり重なる――「場」みたいな――ところに成立するであろう、精神世界を大切にしなさいという、そういう教えだったのではないでしょうか。この、先祖の天皇たちが伝えようとした「精神世界」の流れを引き継ぐようにして発せられたのが、皇后陛下の、「皇室は祈りでありたい」とのお言葉ではないかと、ぼくはそんなふうに思っています。

この流れは「日本国憲法」のもと、今上天皇によってふたたび開かれましたが、明治維新から敗戦までのあいだは、いったんは中断されていました。

この流れを中断し、一気に古代の「天皇親政＝神聖天皇」時代へと逆流させたのが、明治維新の王政復古でした。天皇の在り方が一変すると同時に、宮中の神事祭祀・儀式の様相も一変します。

明治の御代がまだ明けきらない、慶応四（一八六八）年三月一四日、新時代の幕を切って落としたときの儀式、「五箇条之御誓文発布」の儀式の様子というか雰囲気というか、それを見ておきます。その後の宮中祭祀は一事が万事、この調子ですから。

ドナルド・キーンさんの『明治天皇（一）』から引用します。

「天皇の五箇条御誓文の発布に伴う儀式は、完全に神道に則ったものだった。その日、儀式は紫宸殿で始まった。参列した公家諸候以下百官はことごとく衣冠を着け、その色とりどりの正装姿は目もくらむばかりの光景であったに違いない。儀式そのものは、まず清めの塩水、散米の儀式から始まった。次いで、神祇事務局督白川資訓《すけのり》が降神の神歌を奏した。神々に供物を捧げる献饌《けんせん》の後、天皇は引直衣《ひきのうし》を着け、副総裁二人（三条実、岩倉具視）、輔弼二人（中山忠能、正親町三条実愛）等を従えて出御し、玉座に着御した。玉座は南面し、右斜めに神座に向かい、平敷で四季屛風で囲われていた。

『かけまくも、おそろしき、あまつかみ、くにつかみ……』と、三条実美が祝詞《のりと》を奏し始める。祝詞が終わると、天皇は神座の前のしきみに進み、拝礼し、幣帛の玉串を供えた。続いて三条が、五箇条御誓文を読み上げた」

この国の新興階級――西国雄藩を中心にした維新の志士・公家など新政府勢力――が天皇を担いで結集する。その威力を誇示して政敵・幕府勢力を畏れ入らせる。そういう魂胆が見え見えの儀式です。

顧みれば、明治天皇・宮中祭祀の政治利用はここに始まり、この禍々しい明治の御代が半ばを越える頃から、わが国は、遅れてきた帝国主義国家として、憑かれたように列強各国との帝国主義戦争を繰り広げることになりました。

しかし、わが日本人は、「現人神」の呪力も虚しく敗戦に至ります。最期の瞬間を迎えるまでに、この国はいったいどれだけの数の皇室祭祀の儀式をとり行なってきたことでしょう。

さぞかし何百何千何万回にも及ぶであろう、それらの儀式は、かつてのような皇族のみの儀式ではありません。天皇は、自らが主宰する祭儀において、首相・大臣・官僚・軍人など、国家権力の要職にある者たちの一群を率いています。儀式の天皇は、象徴ではありません。神聖にして侵すべからざる現人神、絶対の統治者でなければなりませんでした。

しかし、その、神懸かりの天皇を頂点にいただく戦争は、狂気の戦争でした。無惨な敗北に終わる以外に、終わりようがありませんでした。

日本国が一九四五年八月一四日ポツダム宣言を受諾し、九月二日米艦ミズーリ号上にて降伏文書に調印し、ここに連合国最高司令官マッカーサーのもと、占領軍＝連合国総司令部ＧＨＱの日本統治が開始されます。占領開始三か月余りの同年一二月一五日、早々と発せられたのは、いわゆる「神道指令」でした。日本政府に対する指令（命令）の内容は、政府に対して、神道を国家（政府）から分離せよ（＝「政教分離原則」）、というものです。細かく言うと、国家による神社神道への保護・援助を禁止する、公的機関から神道施設を撤去する、公共の場における神道教育・神道儀式を禁止する、などです。「指令」の目指すところは、軍国主義の本丸、国家神道の解体です。

政教分離原則の制度的確立・国家宗教の排除によって、日本に基本的人権としての「信教の自由」

をもたらす――それこそがGHQの目的であり、「神道指令」は時を措かず、日本国憲法第二〇条「基本的人権としての信教の自由」として結実したのでした。

信仰という、個々の国民の精神世界を、国家が支配してはいけない、とする憲法二〇条はその冒頭において、「信教の自由は、何人に対してもこれを保証する」とうたっています。この「何人」のなかに、なんと！　天皇はじめ皇室の面々も含まれます。さらに第三項では「国及びその機関は、宗教教育その他いかなる宗教的活動もしてはならない」との規定がありますから、公務員は皇室の神事祭祀に関わることができません。たとえ宮内庁の職員であろうと大臣閣僚であろうと、関与は許さないということです。

つまり、憲法二〇条のこの規定は、宮中の神事祭祀について「天皇家の私的行事である」と定義したのでした。個々の国民の「信教の自由」というプライバシーが絶対不可侵であるのと同じように、天皇および天皇家のそれも絶対不可侵である、国家であれ役人であれ他者の容喙を許さない、ということです。これは、大きい！

基本的人権のうち他の権利はともかく、「信教の自由」という権利に関する限り、天皇といえども他の国民と同じ権利を主張することができる、との考えに基づいてのことだと察せられます。天皇も神の前では他の国民と同じく、一個の人間にすぎない、そういう存在だという考えではないでしょうか。
このことは、逆に言うと、ここまで追いつめて考えなければならないほど、国家神道の人心掌握力が根強く、生半可なことでは斥けることができなかった、その事情を暗に示しているようにも思えてなりません。

五七歳のお誕生日の記者会見（平成二〔一九九〇〕年一二月二〇日）において陛下は、

「『信教の自由』は、やはり憲法に定められたものでありますから、非常に大切にされなければならないと思います」

と答えておられます。宮中祭祀（皇室神道にのっとった祭祀）を大切に守っていくには、憲法二〇条「信教の自由」権を尊重してゆかねばならない。憲法二〇条こそ、「皇室の信教」の「自由を守る砦」であり、守護神ですらある、というのが陛下の考えだと思います。

神事祭祀について、昭和天皇は非常に熱心だったと聞いています。自身が「現人神」なんかに祀りあげられていたのですから、さもあらんと頷けるのですが、その昭和天皇よりも更に熱心なのが今上天皇だということも聞こえています。

一方、今上天皇の宮中祭祀について、憲法における、国民主権の原則・政教分離の原則に抵触するのではないか、というふうな議論がある——あった——のも事実です。

ぼくにはこの種の批判は理解できません。実際に即してみると、どうなのでしょうか。今上天皇ご自身の天皇活動全体のなかに、宮中祭祀を置いてみた場合、どういうことがわかるか、次回はそういうことを考えたいと思います。

第五回　皇室祭祀に対する無理解について

【第四節】

即位以来、私は国事行為を行うと共に、日本国憲法下で象徴と位置づけられた天皇の望ましい在り方を、日々模索しつつ過ごして来ました。伝統の継承者として、これを守り続ける責任に深く思いを致し、更に日々新たになる日本と世界の中にあって、日本の皇室が、いかに伝統を現代に生かし、いきいきとして社会に内在し、人々の期待に応えていくかを考えつつ、今日に至っています。

第四節（三）　皇室の伝統

前回の最後に、「五七歳のお誕生日の記者会見（平成二〔一九九〇〕年一二月二〇日）」における陛下の「信教の自由」発言について触れました。その際、先を急ぐあまり、記者の問いを示さず、陛下の答えの部分のみを引用しました。記者の問いは、それを示すと、皇室祭祀について具体的に踏み込んだ議論を余儀なくされる内容であったため、端折るほかありませんでした。

宮内庁ホームページは、上記のタイトル「～記者会見」のあとに「即位の礼・大嘗祭を終えられ」とサブタイトルを続けることで、この日の会見のテーマを明示しています。記者の問いと陛下の答えの、問題の部分を以下に抜き出して示します。

問四◎「陛下にお伺いします。即位の礼と大嘗祭の実施にあたって、憲法の国民主権や政教分離の原則に触れるのではないかという意見もありましたが、この点については如何お考えでしょうか」

天皇陛下◎「この問題については、政府で十分検討が行われたと聞いております」

記者の質問は、はなはだ要領を得ません。二つの問いを一つにして問うているからではないでしょうか。ごっちゃになっているのを分けて問うと、こうなります。

一つは、即位の礼は憲法の国民主権（主権在民）の原則に触れるのではないか、との問い。

いま一つは、大嘗祭の実施は政教分離の原則に触れるのではないか、との問いです。

前者について。「即位の礼」の何が国民主権の原則に触れるのか、記者が何のことを言っているのか、ぼくには見当がつきません。陛下の記者会見は、予め用意された質問以外に、その場で疑問に思ったことを質すことのできる関連質問のコーナーみたいなのがあるらしく、上記の問いの前者について、次のように問う記者がいて、ようやく先の記者の問いの趣旨が分りました。それをみておきます。

関連質問四◎「即位礼正殿の儀で高御座《たかみくら》にのぼられましたけれども、高御座については国民を見下ろすような形になるということで、憲法の国民主権の原則に違反するのではないかという意見もあったのですが、実際に昇られてみて陛下はどんなお感じになられましたか」

天皇陛下◎「高御座というものは、歴史的に古くから伝わっているものですけれども、そういうような儀式のひとつのものとして、そこへ昇りましたけれども、今のお話のような感情を持って昇ったわけではありません」

「即位礼正殿の儀」は、皇位を継承した新天皇が即位を内外に宣明する儀式です。天皇が高御座に昇り、皇后が御帳台《みちょうだい》に昇り、両者して玉座に着くところから、儀式は始まります。どちらも大袈裟なほど高く大きく立派な構造物らしく、その玉座に座ると高いところから国民を見下ろす恰好になるらしいのですが、だからといって、天皇が高みに立ち、国民主権＝主権在民の原則を侵すことにはなりません。
憲法第一条が、天皇という「この地位は、主権の存する日本国民の総意に基づく」とうたっており、今上天皇は誰にもまして、この大原則を身に体すべく、皇太子時代から心の用意をされてきたからです。まぁ、しかし、こういうことを陛下に質問するとは、呆れます。

いま一つは、後者の、大嘗祭は憲法の政教分離の原則に触れるのではないか、との質問についてです。質問四に対する陛下の答えは、「この問題については、政府で十分検討が行われたと聞いております」というもので、門前払い同然です。しかし、この質問との関連で再度質問されたときは、少し踏み込んだかたちで答えておられます。以下の通りです。

関連質問三◎「憲法にかかわる質問ですが、宗教の自由について、今回の大嘗祭について政教分離の原則に触れるのではないかと反対論を述べた方の根底には、信教の自由が侵されるのではないかと心配や懸念があり、宗教の自由について、どのようにお考えですか」

この質問に対して陛下は、前章に紹介した通り、

「この信教の自由はやはり憲法に定められたものですから、非常に大切にされなければならない

と思います」

と答えています。

天皇と内閣（政府）との関係は、どうなっているのか――ここで見ておきます。

①まず、憲法第七条は、その冒頭に「天皇は、内閣の助言と承認により、国民のために、左の国事に関する行為を行ふ」と置いたうえで、第一〇号「儀式を行ふこと」としています。ここに「儀式」というのは、「即位の礼」「大喪の礼」「新年祝賀の儀」「皇太子の結婚の儀」の四つを指します。これらは、天皇の主宰による儀式ではありますが、天皇家レベルというよりも、すぐれて国家的性格を有するところから、「国事行為」と呼び、費用も公金（宮廷費）によって賄います。

②次に、宮中祭祀――元始祭、皇霊祭、新嘗祭、神嘗祭など――は、皇室が私的に執り行なう儀式とみなします。つまり、宮中祭祀は皇室の「私的行為」であり、費用も皇室の御手許金（内廷費）から支出されます。

③そして大嘗祭です。天皇即位後、最初の新嘗祭を大嘗祭と呼び、例年の新嘗祭よりも大がかりなお祭りを祝います。新嘗祭だと②で指摘したように、皇室の「私的行為」に当たるわけですが、大嘗祭だと、そこに天皇即位という国家的性格が加わります。だからといって、しかし、この

祭祀の本質が新嘗祭にある以上、大嘗祭はあくまでも皇室主宰の伝統祭祀でなければなりません。

これらの事情を考え合わせてのことでありましょう、政府見解は、大嘗祭を「天皇の公的行為」と位置づけています。早い話、新嘗祭の例外扱いですから、費用も通常の「内定費（御手許金）」ではなくて、臨時の予算が組まれています。

「天皇の公的行為」について陛下は、憲法第一条の「象徴天皇」規定がその理論的根拠だと考えています。七九歳のお誕生日会見（平成二四年一二月一九日）のなかで次のように述べているのが、それです。

「天皇の務めには、日本国憲法によって定められた国事行為のほかに、天皇の『象徴』という立場から見て公的に関わることがふさわしいと考えられる『象徴的な行為』という務めがあると考えられます」

上述③の論理をくりかえすことになり、恐縮です。大嘗祭は皇室祭祀ではあるけれども、天皇（皇室）の私的行為とするには国家的に過ぎて無理がある、かと言って、内閣（政府）を主体とする国事行為には当たらない、象徴天皇という地位の「象徴性の立場」で行う公的行為（務め）である、というほかはない——そういうことではないでしょうか。

上記記者の心配は杞憂に過ぎないということです。政府（内閣）は天皇（皇室）の信教の自由・宗教の自由を侵していない、もちろん戦前のような皇室神道による政治への介入はありえません。政教分離の原則は守られている、ということです。

同じことを逆の方から言うと、天皇と皇室祭祀は、政治への宗教の介入を阻止したGHQの「神道指令」を楯にして、宗教（皇室神道）に介入しようとする政治の圧力をなんとか凌いできている——そういうことにもなるのではないでしょうか。

ところで、天皇祭祀（皇室神道）の実際はどういうものか「伝統の儀式」の詳細を公開してほしい、と声をあげる国民が少なくない、と言われています。しかし、ここで、もしも皇室が、その種の国民の〝見たい知りたいの欲望〟に負けて、宮中儀式・皇室祭祀の公開に踏み切ったとすると、どうなるか。

〝見たい知りたい〟ということ、それ自体は悪くないとしても、その場合、それによって、天皇および天皇家の主宰する「皇室祭祀」（＝プライバシー）が「情報の対象」にされてしまうのではないかという、新たな危惧が発生しかねません。別の意味での新たな心配を生じかねないということであります。

天皇および天皇家の「私的な行事」（＝プライバシー）であるところの、宮中儀式・皇室祭祀から、その私的性格（＝プライバシー・独自性・主体性）が奪われ、天皇および天皇家ならではの宗教性——皇室神道——が根絶やしにされかねない、そういう危険が生じるのです。

これらの心配ないし危険とは、別言して言えば、今上天皇が築き上げてきた象徴天皇像というものが、打ち砕かれ、踏みにじられかねない——率直に言えばそういうことです。


多分、そのへんのことは、天皇という存在およびその祈りについて、その内的構造みたいなものがわかると、だいぶ物事がはっきりしてくると思うのです。以下に、その断片を記します。

①宮中神殿など「神々と対面する場」にあって「神々と共に祈る時」の天皇は、皇室祭祀の主宰者です。また、行幸啓先の「国民と対面する場」において「人々と共感共苦する時」の天皇は、国民統合の象徴者です。
②国民統合を象徴する天皇は、人々の苦しみや悲しみ・悩みや怒りをその身に体して、宮中神殿に帰り、神々と対面し、神々に拝礼して、人々の救いを求め、助かりをお願いして、祈るのでした。
③皇室祭祀における天皇の「祈り」は、このようにして神々へと取り次がれます。神々は、ご加

護の霊力を授けて天皇を、人々のもとへと帰してあげるのではないでしょうか。
④（象徴天皇であり人間天皇であり祭祀天皇であるところの）天皇の「祈り」が、人々の苦難からの救済の願いを、神々へとつないでいる――そういう理解でよいと思うのです。

先に書いたように、皇室祭祀の国民への公開要求について、ぼくは反対です。どうして反対なのか、以上の議論によってどれだけ解明されたか、心許ないばかりですが……。

そこで、ぼくの力量不足のところを、島薗進氏に補ってもらおうと思います。片山杜秀・島薗進著『近代天皇論』（集英社）における島薗進氏の発言から引用して以下に示します。

「もうひとつ考えるべきは、民主主義の基盤に宗教的な次元がじつは欠かせないという問題です。共感や連帯感なしに人々が社会の問題に取り組むことはできません。他者に継続的に想いを寄せ、関与していく姿勢は、宗教的な基盤から生まれてくることが多いのです。もちろん、特定の宗教に政治が肩入れすることは危険ですし、神聖国家としての戦前日本の失敗をくりかえすべきではありません。

あくまで人間として他者のために祈るという天皇のあり方が、ぎりぎりのところで、成立が難しくなってきた民主主義を支えつつ、神聖国家への回帰を防ぐ防波堤の役割を果たしているのです」

第六回　ヴァイニング夫人と出会って

【第四節】

即位以来、私は国事行為を行うと共に、日本国憲法下で象徴と位置づけられた天皇の望ましい在り方を、日々模索しつつ過ごして来ました。伝統の継承者として、これを守り続ける責任に深く思いを致し、更に日々新たになる日本と世界の中にあって、日本の皇室が、いかに伝統を現代に生かし、いきいきとして社会に内在し、人々の期待に応えていくかを考えつつ、今日に至っています。

■■ 第四節（四）　日本と世界の中の皇室 ■■

前回の最後に引用した、島薗進氏の発言、引用部分の最後の三行から始めます。

言いたいことは、〝あくまで「人間として」「他者のために」「祈る」という天皇のあり方、存在そのものが、民主主義の何たるかを示し、かつ支えている〟ということです。ここにこそ「天皇の民主主義」の本質がある、ということです。

とはいえ、陛下における民主主義の確立の道は、決して平らかな穏やかなものではありませんでした。先の戦争の影響がいかに決定的であったか――陛下自身に聞きましょう。

まず「平成一一（一九九九）年一一月一〇日、ご即位一〇年記者会見」の問三です。

戦後五四年が経過した現在の心境を尋ねられた陛下は、答えの冒頭を次のように始めておられます。

「私の幼い日の記憶は三歳の時、昭和一二年に始まります。この年に盧溝橋事件が起こり、戦争は昭和二〇年の八月まで続きました。したがって私は、戦争のない時を知らないで育ちました。この戦争により、それぞれの祖国のために戦った軍人、戦争の及んだ地域に住んでいた数知れない人々の命が失われました。哀悼の気持ち切なるものがあります」

このような言い方だと、幼少年期の陛下の外側を戦争が通り過ぎていく――戦争はあたかも風景であったかのようにも、聞こえかねません。

しかし、「平成二五（二〇一三）年一二月一八日、八〇歳のお誕生日記者会見」の問一に対する答えの冒頭部分では、次のように語っておられます。

「八〇年の道のりを振り返って特に印象に残っている出来事、という質問ですが、やはり最も印象に残っているのは戦争のことです。私が学齢に達した時には中国との戦争が始まっており、その翌年の一二月八日から、中国のほかに新たに米国、英国、オランダとの戦争が始まりました。終戦を迎えたのは小学校の最後の年でした」

当時、陛下は学習院初等科に通学していました。「小学校に通っていた」と自分の人生を持ち出して語られると、陛下も少年ながら戦争の中を生きてきたのであり、たとえ戦場に行っていなくても彼は彼なりに戦争を体験していたにちがいない、と陛下のことを身にひき寄せてイメージできるような気がするのでした。

ここで見ておきたいのは、明仁少年にとって学習院初等科の学校生活がどのようなものであったか、その実態です。

斉藤利彦著『明仁天皇と平和主義』（朝日新聞出版）から紹介します（なお、斉藤氏は牛島秀彦著『ノンフィクション天皇明仁』河出書房新社から引用しているのですが）。以下①②③は、著者が学習院初等科時代の皇太子の級友、橋本明氏から聞き取った証言です。

①乃木希典流〝帝王学〟。

「学習院の頃の皇太子への教育のポイントは、差別しちゃいかんということでしょう。われわれに対しては、君たちは国民を代表してのクラスメートだとよく言われましたね。相撲のときなんかも『遠慮なくたたきつけろっ』ってね。学習院の生徒のしつけは、乃木希典以来の伝統で、質実剛健がモットーです。冬もオーバーなんか着ちゃいけない。殿下に関して言えば、たとえ寒風吹きすさぶなかでも、気をつけの姿勢をくずさずに、ながい間たえる訓練ですね。つまり、庶民以上に堪えしのび、苦しむ。どんな艱難辛苦もたえ抜く……。これも帝王学でしょう」

②教室で〝いじめられる〟皇太子。

「そりゃあ東宮傅育官《ふいくかん》が数人いつも皇太子のうしろにつっ立ってました。いまでもおぼえているのは、後に義宮の侍従になった村井傅育官てのは、皇太子ができなかったりすると、タッタッタッとかけて来て、皇太子の背中を平手で力いっぱいなぐったですね。４年生のときでしたが、殿下は、涙をポロポロ流して嗚咽されてましたよ」（注、「傅育」、貴人の子を第三者が養育すること）

③唱歌の授業のときのこと。

「担当の教員小出浩平は『指名されたら起立し、名前を述べてから歌いなさい』と言い、グランドピアノに座り数人の生徒を指名して歌わせ始めた。皇太子を指名した時、皇太子は立ち上がったが、もじもじして何も言えない。その間一分か二分。全員が固唾を呑んで見守ったという。長いだんまりに堪忍袋の緒を切らしたのか、そのとき突然、大きな声が教室の背後から湧き起こった。傅育官が発した声だった。

『殿下、お名前をおっしゃい、お名前を』

傅育官は左腕を腰から背に当てがい、上半身を左右に揺らせながら足早に皇太子に近づいていった。

後ろに来ると、右の手の平をひらいて殿下の背中を叩いた。どやしたといった感じでさらに声を高めた。

『大きな声で。お名前は』

皇太子はびくっとすくんだようになり、うっすら目に涙をにじませた。その時、『凍りついたような空気』が教室に流れたという」

『明仁天皇と平和主義』の著者・斉藤利彦氏は、以上のように橋本明氏から聞き取った証言を紹介したうえで、次のようにコメントしています。

「このような、授業中いきなり生徒たちの前で背中を『力いっぱい』なぐられる場面を想うとき、慄然たる思いがするのは私だけだろうか。衆目の前で常に威儀を正すことを要求されていた皇太子が、『涙をポロポロ流して嗚咽』したというのはよほどのことである。

その時の明仁皇太子の口惜しさと屈辱を思えば、胸を痛めざるをえない。傅育官は、天皇制国家の力を背負っている権力そのものの姿である。いわば体罰ともいうべき暴力を突然受け、嗚咽している子どもを前にして、それを目の前で見ている教師も生徒たちも何も止められないのだ」

明仁皇太子にとって学習院初等科の教室は、大袈裟な比喩ではなく〝戦場そのもの〟だったと察せられます。教室は「帝国憲法＝神聖天皇」の統治下にあります。「帝王学」を大義名分に掲げさえすれば、近い将来〝天皇の座〟を約束されていた皇太子に対してさえ、〝正義の暴力〟を行使することができる、なんて！　戦争の勝利こそが大義であり、軍隊の勝敗がすべてであるからには、たとえ天皇であっても、戦争の、したがって軍隊の、言うことを聞いてもらわなければならない――戦争、軍隊、したがって暴力が正義なのだ、と言わんばかりの空気が、学習院初等科の教室を支配していた、ということなのでしょう。

傅育官の管理監督・抑圧支配は、学校だけではありません。明仁皇太子の自宅にあたる赤坂御用地内の「東宮仮御所」に帰っても、両親（昭和天皇と香淳皇后）が待っていてくれるわけではありません。すでに満三歳三か月の幼児のとき、明仁皇太子は、宮殿の両親のもとを離れて仮御所に引っ越しています。以来、家庭はなく、一人ぽっちの暮らしです。同じ建物の中にいて彼を迎えてくれるのは、母親でも兄弟姉妹でもありません。赤の他人の、それも大きな大人――三名の傅育官と三名の御養掛、計六名の役人です。異様ではないですか。御養掛の「養」とは、養育を意味するのでしょうから、この三名は幼児のときだけかもしれませんが。

しかし、それにしても、どうしてこのように強制的かつ矯正的な——人間不信の——教育方針が採用されていたのでしょうか。昭和天皇に対する、当時の——最後の元老と言われる——西園寺公望の進言が、大きくものを言ったとされています。彼の進言は、すなわち、「明仁殿下は、皇太子として、やがては天皇になられるお方です。そのためには、お手もとでお育てになってはなりませぬ。東宮御所を設け、そこへお移し奉り、帝王学をお学びにならねばなりませぬ」というものです。

ただ、これは西園寺が突然言い出したことではなくて、天皇家特有の教育法である、との指摘があります（斉藤利彦氏の前掲書）。

曰く。「天皇家には、家系を継続させるために、幼児期の子どもを他人に預けて厳格に養育する伝統的な教育法があった。いわゆる「別居養育法」である」と。

つまり、傅育官だの御養掛だの役人の手に子供を委ねるのは、本当は帝王学でもなんでもなくて、「家系を継続させるため」の「別居」養育法・教育法にすぎなかったのではないか、ということです。ここに示唆されているのは、側室を置く従来の天皇のばあい、家族を持って家庭生活を営むことなど、もとより不可能だったのではないか、という生活の実態なのではないでしょうか。

上田篤著『一万年の天皇』（文藝春秋）がこのあたりの事情を教えてくれます。

①大昔から天皇は地方豪族の娘のもとにツマドイをくりかえし、たくさんの后ができ、たくさんの皇子を産んだが、后と皇子は親元の家を寝所（居所）とした（宮中で妊娠したばあいも親元に帰った）。

②だから天皇のそばには子供がおらず、天皇は実質的に生涯独身であったから、天皇には家・家族・家庭がなかった。

③天皇は男系の血を継承してきただけで、父系家族を継承してきたわけではない、日本の天皇には父も家族もないのだから、等々。

以上によると、明仁皇太子の幼少年期における孤独は、天皇家そのものの歴史に根差している、ということにならざるをえないのかもしれません。

ちなみに、孝明天皇、明治天皇、大正天皇らは側室の子です。大正天皇は側室制度を廃止し、皇后との間に昭和天皇をもうけます。昭和天皇は両親と子供がいっしょに暮らす普通の家庭生活を希望しますが、皇室全体の同意を得ることができず、明仁皇太子はその幼少年時代、上記のように一人ぽっちの日々を強いられます。彼が正田美智子さんと結婚してはじめて、天皇家はまっとうな家族をつくることができ、国民なみの家庭生活を営むことができたのでした。

要するに「核家族」のことと言ってしまえばそれまでですが、今上天皇にとって家庭・家族は美智子妃殿下あってこそ実現したのであり、何ものにも代えがたい価値の源なのだと思います。皇太子時代、彼はたとえばこんなふうに言っています。

「家庭から離れていることは精神的安定感が失われることになると思います」（一九七二年）

「家族という身近なものの気持ちを十分に理解することによって、はじめて遠いところにある国民の気持ちを実感して理解できるのではないか」（一九八四年）

などと。

ところで、二〇〇九年の「天皇皇后両陛下御結婚満五〇年に際して」の記者会見における明仁天皇は、あたかもご自身の生育環境と「二人の家庭」の来し方の全体が見えているかのご様子で、顧みて、皇后がどんなに大変な思いをしてきたか、その辛抱を想い、彼流の表現でもって、彼女の努力に感謝の念をにじませるのでした。

「私ども二人は育った環境も違い、特に私は家庭生活をしてこなかったので、皇后の立場を十分に思いやることができず、加えて大勢の職員と共にする生活には戸惑うことも多かったと思います」

今上天皇にとって美智子皇后がどれだけ有難い存在であったか、ということです。このことは改めて詳述しますが、その前に見ておきたいことがあります。

敗戦日本の一九四六年春、明仁少年は学習院中等科に入学します。この新しいステージは、彼の人生を決定づけるほどの幸運を用意してくれていたのでした。事の起こりは、昭和天皇の提案でした。提案とは、同年三月来日していた「アメリカ教育使節団」の一行に対する、天皇のある要請のことです。「皇太子に英語を勉強させ、国際性を身につけさせるため、良いチューターを推薦してほしい」ということ。その際、家庭教師の満たすべき条件は、

①アメリカ女性であること、
②クリスチャンである（ただし狂信的でない）こと、
③知日派である（ただし「日本ずれ」していない）こと、の三点だったそうです。

＊注　天皇に提案を指示したのはもちろんＧＨＱです。提案書はマッカーサーの側近、ボナー・フェラーズ陸軍中尉でした。

「皇太子の家庭教師」の三条件を満たして選任されたのは、クエーカー教徒のアメリカ人エリザベス・ヴァイニング夫人でした。来日は一九四六年一〇月。最初は一年だった契約を延長・再延長して一九五〇年一一月まで、およそ四年の日本滞在でした。滞在中の彼女は、皇太子の教育を受け持ち、英語のみならず人間形成全体におよぶ教育に心血を注いでくれたのでした。皇太子教育への彼女の情熱は、日本の平和に対する彼女の献身的情熱の因って来たらしめるところであったのでしょう。夫人は、皇太子教育を引き受ける抱負について、自著『皇太子の窓』のなかで次のように語っています。

「私は、平和と和解のために献身したいという願いも強かった。日本が新憲法において戦争を放棄したことは、私にはきわめて意義深いことに思われた。平和のために一切を賭けようとしている日本の人々にはげましを与え、それからまた、永続的な平和の基礎となるべき自由と正義と善意との理想を、成長期にある皇太子殿下に示す絶好の機会がいま眼の前にあるのだ」

斉藤利彦氏の前掲書に拠って、ヴァイニング夫人の皇太子教育についての基本的な考え方を紹介します。彼女の眼目は、なによりもまず、傅育官や侍従による皇太子の監視管理・抑圧支配の構造——目に見えないけれども皇太子を監禁している檻——を解体して、明仁少年を〝自由の身〟として解放しなければならない、ということでした。

夫人の理想からすると、皇太子はどのようにあってほしかったのでしょうか。ポジティブ表現でいうと、こういうことでしょう。自分の感情を大切にする、自分の頭で考える、自分自身の意見を持つ、自分みずから自発的に表現する、自分の意志で決断し行動する――概念を使って言うと、いわゆる個性的・主体的な・一個の独立した人間であってほしい、ということでしょう。もう少し別の言い方をすると、他の何ものをもってしても代えることのできない存在であってほしい、と彼女は願っていたのだと思います。

同じことを別のアングルから見ると、ヴァイニング夫人が皇太子に理解してほしかったことは、社会や政治を根源から成立させている民主主義・平和主義の原理原則といったものは、結局どういうものなのか、どういうことであらねばならないのか、ということ――この一事だったと思います。

このことは、明仁皇太子がヴァイニング夫人の教室を体験するなかで、どのように変わっていったかをみれば、納得がいくと思います。

牛島秀彦著『ノンフィクション天皇明仁』（河出書房新社）は、周囲の声を取材しています。

「皇太子の表情は、最初はまるで生きていないようでしたけど、ヴァイニング先生が来てから、だんだん生き生きしてきました」（学習院側担当者、高橋たね）

「皇太子に友達ができたのは、ヴァイニングさんの功績ですよ。陛下にもその弟さんたちにも友達なんておられませんよ。新しい開かれた皇室を作るということが、ヴァイニング夫人の祈りで、また皇室もそれを受け入れて、今まで出来なかったことを次々とやりました」（東宮侍従、清水二郎）

傅育官の監視監督下では、まず最初にあるのは傅育官の目であって、「明仁皇太子の自分自身」は二の次です。自分が自分たり得ない条件のもとで、人はいったいどのようにして他者と関わることができるのか、疑問です。

自分が自らを進んで外に向かって開いていくからこそ、そこに他者との交わりが生まれる。その他者との交わりのなかで、人は自分を見出し、立ち上げていくことができる。――ヴァイニング夫人のもとで明仁少年ははじめて、自分という存在を知り、その自分を開いて他者と交わる喜びを知ったのではないでしょうか。

他者に向かって、世界に向かって、自らを開き、交わりを広げ、深めていく――それが「民主主義および平和主義」の在り方だということを、ヴァイニング夫人は身に沁みてわかるように、日々の実践のなかで教えてくれたのだと思います。

牛島秀彦氏は前掲『ノンフィクション天皇明仁』のなかで、学習院事務官・浅野長光に取材して、氏の述懐を記録しています。次に示します。

「ヴァイニング夫人の教育方針は、世界の中の日本人なのだ、世界の人びととともに進むのでなければならない、ということだと思う。ヴァイニングさんが来てよかったことは、皇太子が、自分で語学をやって、自分の考えで、自分でしゃべる、そういうふうになったこと。国民のことを知って、国民とともに生きていく、そういうことを教えて、皇太子を育ててくれたことです」

後にヴァイニング夫人は、日本での日々を綴った回想録を出版しています。『皇太子の窓』というのがその書名だそうです。斉藤利彦氏の前掲書は、ヴァイニング夫人前掲回想録『皇太子の窓』について以下のように述べています。

「書名の由来は、『皇太子殿下のために、今までよりももっと広い世界の見える窓を開いていただきたい』という願いからくるものだった」

ヴァイニング夫人は、皇太子を励まし続けてくれたに違いありません。世界の中の日本人なのだ！世界の人びとともに進むのだ！　もっと広い世界の見える窓を開いて！　と。
彼女の励ましの声は、

①「戦後五〇年を記念する集い」（平成七年一二月一八日、国立劇場）における陛下のメッセージに

聞くことができます。曰く、「日本国民が国内にあっても世界の中にあっても、常に他と共存する精神を失うことなく、慎みと品位のある国民性を培っていくことを、心から念願しております」と。

②また、八〇歳を越えた天皇陛下の「お言葉」（平成二八年八月八日）の中にも、そのまま生きています。「日々新たになる日本と世界の中にあって」の「日本の皇室」である、と述べておられるのがそれです。

今上天皇は、皇太子時代四九歳の誕生日の記者会見において、ヴァイニング夫人に感謝の言葉を捧げています。

「ヴァイニング夫人はアメリカ人の良心をもって日本を愛した方」である、と。ご自身が「日本の良心」たらんとしておられるからこそ、出るべくして出てきた表現ではないでしょうか。

第七回　「お言葉」は今上天皇自身による「象徴天皇論」

【第五節】

そのような中、何年か前のことになりますが、二度の外科手術を受け、加えて高齢による体力の低下を覚えるようになった頃から、これから先、従来のように重い務めを果たすことが困難になった場合、どのように身を処していくことが、国にとり、国民にとり、また、私のあとを歩む皇族にとり良いことであるかにつき、考えるようになりました。既に八〇を越え、幸いに健康であるとは申せ、次第に進む身体の衰えを考慮する時、これまでのように、全身全霊をもって象徴の務めを果たしていくことが、難しくなるのではないかと案じています。

■■第五節　全身全霊の務めとは――他を祈り思い・責めを負う■■

ヴァイニング夫人のことは、今上天皇の人生に決定的影響を与えた人物として、前回詳述しました。ただ、あまりにも有名な最初の出会い――学習院中等科一年生の秋――のことは、あえて触れませんでした。今回は、そのことから始めたいと思います。

夫人は少年に初めて会ったとき、「将来、何になりたいですか？」と問うたらしいのです。少年は I shall be the Emperor と答えました。

彼女は百も承知のことをあえて尋ねて、少年が何と答えるか知りたかったのだろうと思います。明仁皇太子の答えは、あれこれしたところがなく、きっぱりしていました。「天皇になります」と。この答えを聞いて彼女は、「よし」と心に期するところがあったのではないでしょうか。「少年は天皇になると言う。そのお手伝いをして差し上げなくては」と。

明仁少年はというと、学習院初等科に上がった頃から、自分がこの国に二つとない特別の地位につかねばならない定めにあることを薄々感じて、そのことを〝天から授かった運命〟として受けとめていたフシがあります。

たとえば、初等科四年生の正月（一九四四年一月）、彼は「新年」という題の作文を書いていますが、その最後のところを、「私はべんきょうも運動もよくして大きくなったらにほんをせおって立つ人にならなければなりません」と結んでいます。「せおって立つ」と。

また、初等科六年生、一九四六年、戦後初めての正月の書き初めを墨書するにあたって、彼は「平和国家建設」という標語を選んでいます。自分は天皇となって平和国家日本を建設しなければならないのだ、と決意を新たにしていたに違いありません。

そういう明仁皇太子であったからこそ、ヴァイニング夫人の問いかけに対して、なんら躊躇することなく、ごくごく自然に、天皇になります、と答えることができたのでありましょう。運命の受容という一大事を前にしておりながら、その、あまりもの自然さ、潔さに、夫人は心を動かされたのではないでしょうか。

少年の当時はいまだ決意にとどまっていた皇太子でしたが、後に天皇となってその道を歩むようになってからは、なおいっそう、天皇としての道を極めようと精進し、揺らぐことがなかった、とされています。このことは

「米国ご訪問事前招待記者からの質問に対する文書回答」（平成六年六月四日）の次の「お言葉」からもうかがうことができます。

「ヴァイニング夫人の質問に対して、I shall be the Emperor. と答えました。それ以外の道は考えられなかったからです。

日本国憲法には、皇位は世襲のものであり、また、天皇は日本国の象徴であり日本国民統合の象徴であると定められています。私は、この運命を受け入れ、象徴としての望ましい在り方を常に求めていくよう努めています。したがって、皇位以外の人生や皇位にあっては許されない自由は望んでいません」


今上天皇が事あるごとに示されるのは、「象徴としての望ましい在り方」を求めて努力している、との立場です。しかし、憲法には「象徴」であることが、「日本国の象徴であり日本国民統合の象徴であって」と述べてあるだけで、それの定義までは書いてありません。

もっとも、今上天皇が象徴天皇の一代目ではなくて、昭和天皇も戦後は日本国憲法の下で象徴天皇を務められたのでしたが、昭和天皇は実際には、戦前の・帝国憲法下の・神聖天皇の感覚もあってよしとの立場で、天皇をやっておられたのではないか、そんな気がします。

したがって今上天皇としては、象徴天皇の「象徴」がいったい何を意味するのか、その定義もなければ、前例もないに等しい状況のなかで、その地位に就かざるをえなかったわけです。「象徴としての望ましい在り方」など皆目わからないのですから、それを「常に求めていくように努める」ことが、実は今上天皇の最大の務めだったように思えてなりません。

ちなみに、明治の元勲・元老たちが発明した大日本帝国の「神聖天皇」は、最高の価値の体現者として君臨し、唯一絶対の権力者として統治します。これまで広くあまねく知られてきた、いわゆる天皇制というときの天皇です。しかし、象徴天皇制下の天皇は、上から垂直的に君臨し統治するようなことはしません。

象徴天皇の務めは、君臨・統治ではなくて、象徴・統合です。まず最初にあるのは、天皇ではなくて国民です。天皇はあくまでも受身です。国民皆の声に耳を傾け、喜びも悲しみも共にする。共感共苦する。受け容れて共にする。神ではなくて人間であるからこそお互いの中にあることができる。共にあることができるからこそ成立する、国民と天皇の相互関係。

このようにお互いの間を信頼の気持ちでもってつなぐプロセスがあってはじめて、象徴ということが起こりうるのではないかと考えます。

その象徴天皇という天皇の在り方を、わが国民は、その総意によって支持しています。これは、いったい、どういう事情に由るのか？

また、国民の側では、いったい何が起っているのか？　多分、天皇に対する尊敬と敬愛の念が静かに形成、継承され、蓄積されてきた結果に違いないと思います。

では、そのとき天皇の中では、何が為されているのでしょうか。「国民皆」の「身の上」を思って「祈る」「祈り続ける」――これ以外ではないと思います。なお「身の上」とは、「その人自身の過去から現在に至った境遇、また、それから予想される今後の運命」を意味する、と『新明解』にあります。

象徴天皇の務めは、日本国と日本国民の身の上を思って祈る、という、この「祈り」という行為に尽きる、とさえ言うことができるのではないでしょうか。

天皇に対する国民の尊敬と敬愛の感情、そして天皇の国民への思いと祈り。それらの営みのなかからある種のまとまりみたいなものが産まれてくるのではないか、国としてのまとまり・国民としてのまとまり、みたいなものが、備わってくるのではないか――そういう考え方だと思うのです。

天皇が働きかけてまとめるのではありません。善きにつけ悪しきにつけ、嬉しいことも悲しいことも、すべてを受けとめて「国民と共にする」なかで、「国民の総意」というまとまり、「象徴天皇」というまとまりが生まれ、これら二つがいっしょに「日本国憲法」という器に入って、互いにその所を得ることができている――そういう図柄なのではないでしょうか。

陛下ご自身の言葉があります。

「国と国民の姿を知り、国民と気持ちを分かち合うことは、象徴の立場から大切なことと考えて

います」（平成一四年六月二〇日、外国訪問前記者会見）

先に、天皇の「祈り」ということを書きました。この言葉は聞きようによっては、うわべを美しく飾っているだけで実のところはよくわからない、綺麗事ではないかと、そういう印象を受けかねません。しかし、天皇の祈りの実相、真実の姿は、そんなものではないことを、皇后が語っておられます。「平成七年　お誕生日記者会見」（文書回答）において、「世の中で皇室が存在する意義や役割」を尋ねられたときの回答がそれです。

「人の一生と同じく、国の歴史にも喜びの時、苦しみの時があり、そのいずれの時にも国民とともにあることが、陛下の御旨《みむね》であると思います。陛下が、こうした起伏のある国の過去と現在をお身に負われ、象徴としての日々を生きていらっしゃること、その日々の中で、絶えずご自身の在り方を顧みられつつ、国民の叡智がよき判断を下し、国民の意志がよきことを志向するように祈り続けていらっしゃることが、皇室存続の意義、役割を示しているのではないかと考えます」

「国民の叡智がよき判断を下し、国民の意志がよきことを志向するように祈り続ける」とある、このくだりは、心に沁み入り、感じるところがありました。

「よき判断を下し」「よきことを志向する」ことができるのは、あくまでも国民であって、天皇ではありません。天皇にできることは、ただひとつ、わが国民の胸中に、「よき判断を下す」叡智が、そして「よきことを志向する」意志が、宿りますように、と祈ることのみです。
判断も志向も、天皇が自らに発し自らが為すとなると、なんらかの政治性を帯びざるをえず、控えなければなりません。それこそが、象徴天皇の象徴性の因って来たる所以なのだと思います。

国民の苦しみに心を寄せ、国民の幸せを願って心を寄せる――どこまでも先ず最初にあるのは国民であって、その国民の身の上を思って「心を寄せる」のが天皇だということです。
今上天皇はすでに皇太子時代の「三九歳のお誕生日記者会見」（昭和四七年一二月一九日）のなかで、同じ趣旨のことを次のように語っておられます。

「（とくに若い世代に対して）こちらから積極的に何かを求めるべきではない。皇室は常に伝統的に受動的なものであり、憲法にある通り、「国民の総意に基づく」という点がもっとも大事だと思います」

明治の大日本帝国憲法下の神聖天皇と比べたとき、日本国憲法下の象徴天皇、とりわけ今上天皇の在り方が、まったくその本質を異にしていることは、誰の目にも明らかではないでしょうか。

象徴天皇はこのように受動的でなければなりません。しかし、だからと言って、自分からは何もしなくてよい、などと言っているわけではありません。それどころか、天皇皇后両陛下は、社会で難儀な思いをしている人々に格別の関心を寄せてこられました。積極的に問題を提起し行政的に解決することは、天皇皇后及び皇室の守備範囲ではないと言っているだけであって、目の前に問題が生起しているのに、その問題を受けとめないでよい、などということがあってはなりません。それどころか、「困難な状況にある人々に心を寄せることは、私どもの大切な務めであると思います」というのが、両陛下の立場です。

この点について、「天皇皇后両陛下の記者会見――天皇陛下ご即位十年に際し」（平成一一年）の場で、関連する質問がありました。両陛下がそれぞれお答えになったのですが、ここでは、皇后陛下の回答から要点のみを紹介します。

①「皇室の私どもには、行政に求められるものに比べ、より精神的な支援としての献身が求められているように感じます」

②「（私どもにはいろんな制約が伴いますが）その制約の中で、少しでも社会の諸問題への理解を深め、大切なことを継続的に見守り、心を寄せていかなければならないのではないかと考えております」

③「さまざまな事柄に関し、携わる人々とともに考え、よい方向を求めていくとともに、私も

すべてがあるべき姿にあるよう祈りつつ、自分の分を果たしていきたいと考えています」

天皇も皇后も、両陛下はよく承知しておられます。世の中は、物心ともに恵まれた幸せな人々だけではない、身も心も追いつめられた状況にあって難儀な日々を余儀なくされている人々のほうが、かえって多いのではないか、ということを。孤独老人・寝たきり老人あり、DV崩壊家庭・片親貧困家庭あり、身体障害者・精神障害者あり、地震・津波・洪水被災者あり、原発避難民あり、まだまだあります、帰るべき家があるのに帰れない人、いや、そもそも帰るところなどどこにもない人、それどころか、何十日も何か月も人と話したことがない、自分の声すら聞いたことがない人……。

しかも、今はなんとかなっている人でも、明日の自分はわからない、とおびえている人がいっぱいいるのではないか。今日まではどうにか凌いできたものの、明日は我が身かもしれない、と。結局自分は〝今だけ・カネだけ・自分だけ〟の自分だったのだな、と思い知らされたとき、人はどのようにして自分を回復すればよいのでしょうか。

天皇皇后両陛下は、しかし、自らに言い聞かせておられます。これらの人々とて、誰一人置き去りにしてよい人はいないのだ、と。もちろん、お二人にできることには限りがあるけれども、確かにあります。そしてそれは、すでに紹介した皇后の言葉に尽くされていると思います。それを、ぼくなりの解釈もまじえて書き直すと、こうなります。

〝人々の心の支えとなるように、自分の事は二の次にして、尽くしていかなければならないと思う〟〝諸問題の大切な点を深いところで十分に理解し、問題を途中で投げ出さずに、解決するまでずっと見守り、心を寄せていかねばならないと思う〟〝人々とともによい方向を求め、すべてがあるべき姿であるようにと祈る、祈り続ける、祈りの行動を身をもって続ける、それが皇室の在り方だと思う〟等々です。

そして「祈る」とは――これもすでに示唆したところだと思うのですが――「他を信じる」ことに通じており、その意味で「民主主義の根底」でさえあらねばならない、ということではないでしょうか。両陛下は、象徴天皇の在り方について、言わば「祈りの民主主義」とでもいうべきものを考えておられるのではないか、と思うのです。

では、「祈りの民主主義」でもって社会をやっていくとしたら、どういう姿になるのでしょうか。それについて美智子皇后は別のところで、「複雑さに耐えて生きる」社会、と定義しておられます。二つの発言を紹介します。

①「現在の問題でも、日本の過去に関する問題でも、簡単に結論づけることができず、さまざまな見地からの考察と、広い分野の人々による討論が必要とされる問題が数多くあります。複雑な

問題を直ちに結論に導けない時、その複雑さに耐え、問題を担い続けていく忍耐と持久力を持つ社会であってほしいと願っています」(平成九年、お誕生日記者会見)

②「読書は、人生の全てが、決して単純でないことを教えてくれました。私たちは複雑さに耐えて生きていかなければならないということ。人と人の関係においても。国と国との関係においても」「そして、子供達が人生の複雑さに耐え、それぞれに与えられた人生を受け入れて生き、やがて一人一人、私共全てのふるさとであるこの地球で、平和の道具となっていくために」(平成一〇年、第二六回国際児童図書評議会ニューデリー大会基調講演、「子供の本を通しての平和〜子供時代の読書の思い出」)

社会の問題・人間の問題はつねに複雑です。当面する問いは一つであっても、その中に幾つもの問いを含んでいますし、それとは別の幾つもの問いにつながっています。となると、問いというものはたとえ一つであっても、それにたいする対し方の如何によって問い自体が違ったものになるわけですから、正しい答えが一つある、という暗黙の前提は崩れます。

一つの問いに対して一つの正しい答えがあるわけではないらしい。正しい答えは一つではなくて、ほかにもあるのかもしれず、あるいはそもそも答えがないのかもしれないし、問い自体が間違っているのかもしれません。そのときは問いの立て方を変えて、問い直す必要があります。社会や人間に関わる問いというものは、その多くがこのように複雑ですから、解決するのに手数がかかって厄介です。時間もかかるし、寛容さが要求されます。それに耐えて、辛抱して、問い続ける――そういう自他の関係でありたい、人と人・国と国はそういう関係でありたい、それが民主主義というものではないか、と、皇后は祈るような気持ちで語っておられるのでしょう。

今上天皇ご自身も、「戦後五〇年を記念する集い」（平成七年一二月一八日、国立劇場）において、次のように語っておられます。

「日本国民が国内にあっても世界の中にあっても、常に他と共存する精神を失うことなく、慎みと品位ある国民性を培っていくことを、心から念願しております」

陛下はこれぞという機会をとらえて、このような念願を表明されることがしばしばあります。そのこと自体、「日本国民が国内にあっても世界の中にあっても、常に他と共存する精神」において欠けるところがいかに大きいか、自分と違う他者との共存がいかに不得手か、ということを、陛下ご自身が自覚しておられることを物語っていると思うのです。

ひと頃、「決められない政治」を非難して「決められる政治」の正義が声高に叫ばれました。民主主義は、問題の解決もさることながら、解決のプロセスこそが肝腎ですから、手間暇がかかるし、効率が悪いし、なかなか決められません。だから、皇后は仰っているのだと思います。そこを「耐えて、問題を担い続けていく忍耐と持久力を持つ社会であって欲しい」と。しかし、その我慢ができない。政治に効率を求める。「決められる政治」を求める。そんな傾向になりがちです。

もともとぼくらの国は「和ヲ以テ尊シトス」のお国柄ですから、同調圧力に弱いのかも知れません。和シテ同ゼズなどというのは口先だけです。身体は正直なもので、数の多い方へ、力の強い方へと動いてしまいます。

〝ぼくの常識〟によると、権力の言うことを聞くのは、権力に屈することを意味し、ワルイことなのですが、ぼくとは反対の考え方をする人が少なくないようです。人々はこう考えます。権力の言うことを聞くのは当然であり、権力に従うことは正しい、と。まともな人間は空気を読む、空気を読めない人間とはやっていけない、と。

「一億一心」「挙国一致」が得意です。「一」が大好きなのです。違和感なくいつでも「一」になることができます。「異物」「他者」を認めたがりません。得意なのは「排他」であって、「寛容」は不得手です。これはわが民族の欠点です。というより、病気です。病気も病気、なかなか治らない「宿痾」と言わざるをえない病状なのかも知れません。

今上天皇は、皇太子時代から、このことを肝に銘じておられるのでしょう、「五〇歳のお誕生日記者会見」(一九八三年一二月二〇日)のなかに、次のような言葉があります。

「好きな言葉に『忠恕』があります。論語の一節に『夫子の道は忠恕のみ』とあります。自己の良心に忠実で、人の心を自分のことのように思いやる精神です。この精神は一人一人にとって非常に大切であり、さらに日本国にとっても忠恕の生き方が大切ではないかと感じています」

他者のことを自分自身のことのように、他国のことを自国同然に、思いやる精神——これこそが、民主主義であり、平和主義であり、日本国憲法なのだ、と今上天皇は皇太子の頃から確信しておられたのだと察せられます。

この確信から見るとき、自分がその象徴として身に背負っている国と国民の現実が、あるべき姿から、どれだけかけ離れたものであるかという、そのことを身に沁みて自覚しておられたからこそ、陛下は「祈るしかない祈り」をこの国とこの国の国民に捧げて来られたのではないでしょうか。今上天皇の祈りには、皇太子の時代からして、余人には測り知れない、深甚なる思いが込められてきたにちがいないと思うのです。

今、余人には測り知れない、と書きましたが、例外があります。美智子皇后の存在です。結婚する前から皇后陛下は、明仁皇太子のなかに、「国家に責任を持ち、その責任を背負っていこうとしている若い青年の存在」を見ておられたと言われています。

そして、こういう感じ方そのものの因って来たる源は、A級戦犯に判決を言い渡すラジオ放送にあった、と皇后自身が語っておられます。「皇后陛下八〇歳の誕生日に際し」（文書回答平成二六年）の当該部分を以下に引用します。

「私は、今も終戦後のある日、ラジオを通し、A級戦犯に対する判決の言い渡しを聞いた時の強い恐怖を忘れることが出来ません。まだ中学生で、戦争から敗戦に至る事情や経緯につき知るところは少なく、従ってその時の感情は、戦犯個人個人への憎しみ等であろう筈はなく、恐らくは国と国民という、個人を越えた所のものに責任を負う立場があるということに対する、身の震うような怖れであったのだと思います」

ここに書いてあるのは、「国と国民という、個人を越えた所のものに責任を負う立場があるということ」を知り、そのことに対して「身の震うような怖れ」を抱いた、という少女の頃の皇后の体験です。この時に衝撃を受けた少女の目で皇后は、明仁皇太子を見、その時の気持ちを持したまま今上天皇に接して来られたのではないでしょうか。

皇后はそのように接してこられたからこそ、たとえば平成一〇年に、次のような「御歌」を詠まれたのだと思います。

「サッカー・ワールド・カップ」という御題で。

ゴール守るただ一人なる任《にん》にして青年は目を見開きて立つ

「うららか」という御題で。

ことなべて御身ひとつに負ひ給ひうらら陽《び》のなか何思《なにおぼ》すらむ

ここまで書いてきてようやく、陛下のお気持ちが、たとえその万分の一にすぎないにしても、お察しできるような気がしてきました。二つあります。

一つは、平成二八年（八二歳）の「象徴としてのお務めについてのお言葉」（第五節）にある次のくだりです。

「既に八〇歳を越え、幸い健康であるとは申せ、次第に進む身体の衰えを考慮する時、これまでのように、全身全霊をもって象徴の務めを果たしていくことが、難しくなるのではないかと案じています」

今はしみじみと実感することができます。ああ、文字通り「全身全霊をもって」、この悲しい国と不出来な国民を身に負い、耐え、祈って来てくださったのだな、と。

いま一つは、力尽きるまで祈り続けてくださっている今上天皇、その天皇を影になり日向になって支え続けてくださっている皇后陛下の存在、ということです。

今回は最後に、「天皇陛下八〇歳のお誕生日記者会見」(平成二五年一二月一八日)から、皇后陛下に対する今上天皇の感謝の言葉を引いておきます。美辞麗句なしの簡素な言葉であることが、かえって思いの深さを伝えています。

「天皇という立場にあることは、孤独とも思えるものですが、私は結婚により、私が大切にしたいと思うものを共に大切に思ってくれる伴侶をえました。皇后が常に私の立場を尊重しつつ寄り添ってくれたことに安らぎを覚え、これまで天皇の役割を果たそうと努力できたことを幸せだったと思っています」

第八回　今上天皇による「象徴天皇」論の核心

【第六節】

私が天皇の位についてから、ほぼ二十八年、この間《かん》私は、我が国における多くの喜びの時、また悲しみの時を、人々と共に過ごして来ました。

私はこれまで天皇の務めとして、何よりもまず国民の安寧と幸せを祈ることを大切に考えて来ましたが、同時に事にあたっては、時として人々の傍らに立ち、その声に耳を傾け、思いに寄り添うことも大切なことと考えて来ました。天皇が象徴であると共に、国民統合の象徴としての役割を果たすためには、天皇が国民に、天皇という象徴の立場への理解を求めると共に、天皇もまた、自らのありように深く心し、国民に対する理解を深め、常に国民と共にある自覚を自らの内に育てる必要を感じて来ました。こうした意味において、日本の各地、とりわけ遠隔の地や島々への旅も、私は天皇の象徴的行為として、大切なものと感じて来ました。皇太子の時代も含め、これまで私が皇后と共に行《おこな》って来たほぼ全国に及ぶ旅は、国内のどこにおいても、その地域を愛し、その共同体を地道に支える市井の人々のあることを私に認識させ、私がこの認識をもって、天皇として大切な、国民を思い、国民のために祈るという務めを、人々への深い信頼と敬愛をもってなし得たことは、幸せなことでした。

第六節　象徴天皇像を求めて――探求と創造

陛下は、第五節の最後の文章の含意をそのまま受けるかたちで、第六節の冒頭を始めています。まず第五節の結語はこうです。――自分はこれまで全身全霊をもって象徴の務めを果たしてきたつもりです、しかし、八〇歳を越えた今の健康状態を顧みるとき、今後も従来通りの務めを果たすことができるかどうか不安になり、憂慮にたえません、と。

そして第六節の冒頭、陛下は次のように続けます。

「私が天皇の位についてから、ほぼ二八年、この間私は、我が国における多くの喜びの時、また悲しみの時を、人々と共に過ごして来ました」

両者をつなげて読むと、「全身全霊をもって果たす象徴の務め」というものは、「我が国における多くの喜びの時、また悲しみの時を、人々と共に過ごす」なかで成し遂げられるのだな、ということがわかります。公の時を「人々と共に過ごす」のだから、生身の生きた人間の健康が必要なことはわかりますが、陛下はその時に何をなさるのか、具体的な内容について、もう少し知らなければ、実感が湧きません。

続く文章の中で、陛下はこの問いに答えています。「人々と共に過ごす」ときの自分の務めは「祈る」ことだ、と。

「私はこれまで天皇の務めとして、何よりもまず国民の安寧と幸せを祈ることを大切に考えて来ました」

陛下がここで「国民の安寧と幸せを祈る」と述べるに止め、明示的には書いておられませんが、そのとき直接念頭に置いておられるのは、何よりもまず、宮中三殿——賢所、皇霊殿、神殿——および神嘉殿においてとりおこなわれる、皇室祭祀のときの「祈り」だと思います。それは、御利益信心のように無病息災とか商売繁盛とかの私事に関わるものではなくて、国家国民の次元における繁栄と安寧と幸福を祈るものです。

この皇室祭祀を務めるのがいかに大変か——まず数です。大袈裟に言うと、年がら年中、と言いたくなるほど頻繁におこなわれていると言います。なにしろ陛下のお出ましになる祭儀だけでも、年間を通じて三〇を超えるとされているのですから。

宮中祭祀における今上天皇の「祈り」がいかに大変なものであるか、体力にせよ精神力にせよ、半端なものではとても全うすることができないであろうことは、山本雅人著『天皇陛下の本心』（新潮社）の次の部分からだけでも、十分にお察しすることができると思います。

「事前に住まいの御所で沐浴（潔斎《けっさい》）して身を清め古式装束《こしきしょうぞく》を着け、冷暖房のない宮中三殿で真冬や真夏も季節に関係なく早朝や深夜に各祭儀が行われるため、体には相当な負担となる（もちろん、寒いから古式装束の上にコートを着るとか、暑いから一枚脱ぐといったことはあり得ない）。それでも陛下は病気の時以外は休むこともなく続けられている。

前出の渡邉允・前侍従長の本（=『天皇家の執事侍従長の十年半』文藝春秋二〇〇九年）によると、陛下が、床のじゅうたんの上で正座されてテレビを見ていたエピソードを紹介している。その理由について『新嘗祭のときに足のしびれや痛みなどに煩わされず、前向きで、澄んだ、清らかな心で祭祀を執り行ないたいと考えているからだ』と陛下から言われ、テレビを見るときは年中そうしていると聞かされたことを記している」

今上天皇が全身全霊を傾けておこなってきた「祈り」は、皇室祭祀に止まりません。現地現場に出かけて行って人々と共に祈る「祈り」があります。

陛下は上記引用文章中で、その後を次のように続けています。

「同時に事にあたっては、時として人々の傍らに立ち、その声に耳を傾け、思いに寄り添うことも大切なことと考えて来ました」

ここに陛下が書いておられるのは、こういうことだと思います。すなわち――人間、時と場合によっては、こちらから出かけて行って、「人々の傍らに立ち、その声に耳を傾け、思いに寄り添うこと」によってしか「祈る」ことができない、そういう「祈り」もあるのであって、そのようなときには、自分たち二人がその地に出かけて行って人々と共に祈ることが大切だと考えて来た、と。

たとえば、地震や津波や洪水などの大規模な自然災害が起きると、その直後に、両陛下は、事情の許す限り速く被災地に駆けつけることができるよう、段取りを急がれると伝えられています。現地に着くとお二人は、被災現場を直接見て回り、被害状況や救援活動についての説明を受け、犠牲者が出ているときはその慰霊の祈りを捧げる。

そして、難を逃れ身を寄せ合っている被災者の許を尋ね、励ましの声をかけていかれる。めげそうなほど辛い思いをしている人々の一人一人に身を寄せ、その思いをできることなら抱きとめてあげたい、と言わんばかりの祈りを捧げて慰問をする、それが両陛下のお姿です。

被災地に直行し、その土地の人々を慰問し、共に祈りを捧げることが象徴天皇の務めである、と固く信じておられる両陛下の振る舞いとその思いは、TVを通じて「国民皆」の共有するところとなります。このようにして天皇は、自らが「日本国民統合の象徴」であることを明かして来られたのではないでしょうか。

しかし、このように事と次第によっては現場に赴いて祈りを捧げるという、今上天皇の、象徴天皇としての務めに関する考え方からすると、「全身全霊」の献身は当たり前の前提なのでしょう。

そしていま、年齢による体力の衰えみたいなものが、陛下のこの献身的な祈りを阻む壁となって立ちはだかっているということ。そして、それが冷厳な現実であるとすれば、それはそれとして受け止めて対処する必要があり、その必要な対処の一環として、このビデオメッセージも発信されているのだ、ということ。このような差し迫った現実がいわば〝通奏低音〟として流れているなかで、陛下はご自身の象徴天皇論を語っていこうとしておられるのではないでしょうか。

陛下はI shall be the Emperorの少年時代以来、何十年もの間、理想の象徴天皇像を求めて力を尽くして来られました。そのご奮闘は、美智子妃殿下という最強の援軍を得られてからは、二人三脚の道中でしたが、ここまで天皇論を仕上げて来られたのには、その根底に、陛下ご自身の強い願いがあってのことだと思います。

願いとは、ごくごく単純な、しかしそれを叶えるのは決して容易ではない、そういう願いです。――天皇も国民も共に、お互いに対する理解をますます深めていくことができる、そういう関係にありたい、というのが、その願いです。

陛下ご自身の言葉は以下の通りです。

「天皇が象徴であると共に、国民統合の象徴としての役割を果たすためには、天皇が国民に、天皇という象徴の立場への理解を求めると共に、天皇もまた、自らの（象徴としての）ありように深く心し、国民に対する理解を深め、常に国民と共にある自覚を自らの内に育てる必要を感じて来ました。」（傍点は引用者の加筆です）。

ここに示唆されているのは、国民と天皇の相互理解ということです。分けて言うと、象徴という立場についての国民の理解、そして天皇自身の自覚ということ、この二点です。

国民は「象徴」天皇の何たるかを理解する、天皇は「象徴」天皇の自覚をもって国民を理解する

――この二つの難問を解くのに、天皇が「大切なものと感じて来た」のは全国巡幸です。

天皇自身の言葉で言えば、「皇太子の時代も含め、これまで私が皇后と共に行って来た」「日本の各地、とりわけ遠隔の地や島々（をも含む）」「ほぼ全国に及ぶ旅」を、最も大切なものと考えて来た、ということです。

天皇はどうして「全国」ということにこだわったのでしょうか。言葉から受ける感じで言うと、すべての都道府県のみならず、遠く隔たった僻地とか、遥か彼方の離島とかも含めて、事情の許す限りこの国の隅々に至るまで出かけて行きたい、というお気持ちだったのだと思います。

なぜか。日本国憲法第一条に「天皇は、日本国の象徴であり日本国民統合の象徴であって」とあるからです。

天皇の思いはこんなふうではないでしょうか。――全国へ、全国民のもとへ、自分の方から出かけて行って、天皇である自分を直に見てもらい、あるがままの自分を感じてもらわなければ、話が始まらないのではないか。憲法がいくら自分のことを「日本国の象徴であり日本国民統合の象徴である」とうたっても、天皇自身が全国を巡って顔をみせて回らなければ、国民はどうやって自分のことを〝国家・国民を象徴する自分たちの天皇〟であると感じることができるであろうか、と。

自分の代から天皇は、上から君臨統治する天皇ではなくて、国民皆を統合・象徴する存在なのだ。

そのことを国民の皆に、実感してもらいたい、理解してもらいたい。わかってもらうためには、気力体力の続く限り〝全国行脚〟を続けなければならない、と。

また同時に、国民に知ってもらうための旅が、国民を知るための旅でもあったことは、言うまでもありません。先にも引用したところですが、陛下はご自身の言葉で「これまで何よりもまず国民の安寧と幸せを祈ることを大切にして来ました」と語っておられます。

国民のことを思って祈るためには、国民のことを知らなければなりません。知らないものを我が身において体現することはできません。

「日本国民統合の象徴」たらんとすれば、自らがその人々と「一緒の存在」であり、かつその代表であると言える程度には、日本の「国民皆」について承知していなければいけない、あるいは最低限、身をもって知ろうとする姿勢がなければ、話にならない、と陛下は自らに言い聞かせて来られたに違いありません。

陛下の「国民」は、国民という「概念」ではありません。そのことを表現するのが、「国民皆」という独特の呼称ではないか、という趣旨のことは既に書いた通りです。「皆」と呼ぶのは、国民を「人々」というレベルで知りたい、というお気持ちの表われではないでしょうか。

我々のこの国では、どのような人々が、どのようにして生きているのか、どのような喜びに輝き、どのような悲しみを抱えて途方に暮ているのか、そういう人々の思いに触れ、その思いの幾許かでも共有したい——そういうお気持ちだと思います。
陛下は、自分たちの旅を通して、「国内のどこにおいても、その地域を愛し、その共同体を地道に支える市井の人々のあることを」教えられたと書いておられます。

この第六節の結語のところに、あたかも陛下自らが、「象徴天皇としての務め」というものをどのように考えているか、と問うて、自ら答えておられるような文章があります。ぼくなりの解釈ですが、その趣旨は以下の通りです。

〝天皇として大切な務めとは何か。それは、「人々への深い信頼と敬愛」をもって、国民を思い、国民のために祈ることです。その際、この祈りの中に「人々への深い信頼と敬愛」の念が生きていると実感できること、自分で自覚することができること、このことこそが大切です。天皇としての幸せというのは、そういうところにあるのではないか、そのように思っています〟

大日本帝国憲法の神聖天皇の場合と違って、日本国憲法の象徴天皇は、どこまでも、「まず最初に国民ありき」なのです。
主体は国民であって、天皇ではない、天皇はどこまでも受け止めて立つ、受け止めて国民の身に寄り添っている、そうあれかしというのが象徴天皇の務めなのだ、と。「象徴」という概念でもって言いたいのは、不即不離の間柄で互いに呼び合う、そういう関係なのではないかと思います。

これを相互的一体性ないし同一性と言ってしまいたい誘惑を感じますが、「一」がいけません。「一億一心」とか「一君万民」とかの四文字熟語が思い浮かんでしまいます。これだと、帝国憲法の神聖天皇になってしまいます。国民は一人一人違います。実に色々様々、種々雑多、複雑多様です。国民統合というのは、それをそのまま生かして、それなりのまとまりを作っていく、そういう国民の在り方を考えての言葉なのではないでしょうか。

日本国憲法の理想とする「象徴」の天皇というのは、そういう国民の在り方に呼応しようとするものではないか、そんなふうに思えるのです。

ここで「象徴」という言葉について調べておきます。symbolという言葉の語源は、古代ギリシャ語のsymbolonラテン語のsymbolumだそうです。この単語について「ウィキペディア」はこう説明しています――syn-が「一緒に」、boleが「投げる」「飛ばす」を意味し、合わせて「一緒にする」や、二つに割ったものをつき合わせて同一のものと確認する「割符」や「合言葉」を意味する、と。

参考までに「割符」の意味を『新明解』で見てみましょう。「木の札の中央に文字・印を書いて、二つに割ったもの。別々に持ち、後で合わせてみて証拠とする」とあります。

つまり、こういうことではないでしょうか。

天皇と国民というと一見別々の存在のように見えるけれども、「合わせてみると」もともとは同じ一つのものだったことが分かる、象徴天皇と国民とはそういう、いわば〝割符の関係〟なのだと。

天皇と国民が、お互いを合わせてみたとき〝割符の関係〟であることが分かった――そういうときの天皇を象徴天皇と呼ぶのだと思うのです。

割符

だとすると、二つの木片――天皇と国民という――を合わせる・合わせてみる行為なくしては、天皇は象徴天皇になることができません。また、この種の行為を体験することなくして、天皇は自らが象徴天皇であると認識することができないと思います。

それは、憲法第七条の国事行為（＝国家としての形式を整えるために予め決めてある手続き的行為）ではありません。「象徴」天皇にとって不可欠なのは、国民です。国民と直接に接し、国民とのあいだで分かち合う行為があって、何ものかを共有する関係があってはじめて、二つの木片を合わせて互いに割符的関係であることを確かめ合うことができ、そこではじめて象徴ということが成立するのだと思うのです。

今上天皇は「七九歳のお誕生日記者会見」(平成二四年一二月一九日)において、象徴天皇のとりわけ『象徴』天皇たる所以の務めについて、簡潔に定義しておられます。すなわち、

「天皇の務めには、日本国憲法によって定められた国事行為のほかに、天皇の「象徴」という立場から見て公的にかかわることがふさわしいと考えられる『象徴的行為』という務めがあると考えられます」

と。

象徴天皇の象徴性が表われるのは、天皇が国家と関わる国事行為においてではなくて、天皇が国民と公的に関わる行為によって表出される、ということなのだと思います。

あるいは、次のように言い換えた方がわかりやすいかもしれません。

すなわち、陛下が公の場で人々と会するときは、陛下の存在と行動が中心となり、その場にいる人々はもちろん、国民の皆も(TVの映像を介して)、陛下との間で思いを分かち合い共有していると実感することができる。

こういう陛下の行為(=象徴としての公的な行為)があるからこそ、ぼくら国民は「象徴天皇という存在」を実感することができる。そういうことではないでしょうか。

今回を締めくくるに当たって、もう一度、第六節の冒頭の言葉を引用して、その具体的な内容を見ておきたいと思います。

「私が天皇の位についてから、ほぼ二八年、この間私は、我が国における多くの喜びの時、また悲しみの時を、人々と共に過ごして来ました」とある、この文章の「悲しみの時」「喜びの時」とはどういう時なのでしょう。

天皇と国民が「悲しみの時」を分かち合ってきた「象徴的な行為」としては、たとえば、「戦没者追悼式への御臨席と式辞」「国内外の激戦地鎮魂の旅」「戦没者慰霊の旅」「被災地被災民慰問の旅」などがあります。また、天皇と国民が「喜びの時」を共にしてきた「象徴的な行為」としては、たとえば、「国体開会式」「全国植樹祭・全国育樹祭」などへの御臨席、あるいは「日本芸術院授賞式」「平安建都千二百年記念式典」「学制百二十年記念式典」「国連・障害者の十年 最終年記念式典」などへの御臨席、なんかもそれに当たると思います。

今上天皇は、悲しいにつけ、嬉しいにつけ、国民と思いを共にして来た、と言っておられます。

このように国民との間に「共通体験」があり、「感情の共有」があるからこそ、「象徴」という言葉を口にできるのであろうと、身に沁みて感じ入る次第です。

第九回　象徴天皇制――終身在位か生前譲位か

【第七節】

天皇の高齢化に伴う対処の仕方が、国事行為や、その象徴としての行為を限りなく縮小していくことには、無理があろうと思われます。また、天皇が未成年であったり、重病などによりその機能を果たし得なくなった場合には、天皇の行為を代行する摂政を置くことも考えられます。しかし、この場合も、天皇が十分にその立場に求められる務めを果たせぬまま、生涯の終わりに至るまで天皇であり続けることに変わりはありません。

第七節　生前譲位の制度化を求める――摂政代理慣行の拒否

陛下ご自身の「象徴天皇」論――と書いてよいのかどうか、ためらいを覚えるのですが、その基本的な考え方というものは、これまで語られてきた「お言葉」のなかにすでに示唆されていると思います。そのあらましを示すところから始めます。

①「天皇の地位」にある者は、「全身全霊をもって象徴の務めを果たす」のが当然の責務であると考えなければならない。

②ここに「象徴の務め」というのは、「国民のために尽くす」「国民を思い国民のために祈る」「国民のために生きる」ことを意味する。

③象徴天皇であるためには、「天皇の地位」に在るだけでは足らない。「国民のために尽くし・祈り・生きる」という、その「務め」を果たしてはじめて、「象徴天皇である」ことの必要かつ十分な条件を満たすことができる。

④天皇は、国旗や国歌のような象徴と違い、生身の生きた象徴であり、高齢化による生命力の衰えは避けられず、結果、「象徴の務め」に困難をきたす事態ともなりかねない。

⑤「象徴の務め」を果たすことができなくなると、象徴天皇の必要かつ十分条件を満たすことができず、「天皇の地位」に止まることはできない。譲位しなければならない。

これは、いったい、どういうことでしょうか。そもそも論から言って、「象徴天皇」という制度は、「生前譲位の制度」と合わせて一つのものとして設計しないと、うまく機能しない、運営に支障を来す、ということです。同じことを逆から言うと、象徴天皇制は「終身在位制」と並び立たない、整合しない、ということになります。

ところが、現在の皇室典範は旧皇室典範の「天皇終身在位（摂政設置）」制度をそのまま踏襲しています。天皇そのものについての考え方は、神聖天皇（帝国憲法）から象徴天皇（日本国憲法）へと一変させておきながら、天皇の地位についての考え方はまったく変えていません。本当は、憲法を変えたときに、同時に皇室典範も変えなければならなかったのだと思います。しかし、諸般の事情もあって、それができなかった、ということです。

帝国憲法下の神聖天皇の場合だったら、「終身在位（摂政設置）」制度と整合する、矛盾なくやっていける、ということを言っているわけでは決してありません。象徴天皇にとってと同様、神聖天皇にとっても、後述するように、「終身在位（摂政設置）」制度が不都合であることに変わりはありません。

しかし、伊藤博文など「皇室典範」の制作者たちは、「神聖天皇による赤子臣民統治」を安定的に運営するうえで最善でないにしても次善の策として、「終身在位（摂政設置）制度」――天皇が高齢化や重病のために十全に機能できなくなっても、天皇には命のあるかぎりその名（地位）を保っていただいて、その務め（機能）については摂政を設けて代行させる制度――を選択したということでしょう。

神聖天皇は、帝国憲法の建前からすると、たしかに国家元首（主権者）として臣民を統治していましたが、それはあくまでも形式であって、実際に政治を動かし臣民赤子を統治していたのは、元勲や元老、藩閥政治家や軍閥政治家であったわけです（ときに政党政治家や貴族政治家もありましたが）。ですから、仮に天皇が再起不能の病の床に伏する事態になっても、生きてさえいてもらえば、その代役として摂政を立てて体面を保ち、天皇の名による政治の延命を図ることができた、ということです。

しかし、たとえ神聖天皇制のもとであっても、天皇が長期にわたる重病に倒れたとき、「天皇の終身在位」を維持しつつ「天皇代行として摂政」を設置する、という制度設計は、そもそもの初めから無理があったのではないでしょうか。

天皇は生存しているが、現実には姿を見せない。存在しているけれども、存在していない。あるいは、天皇が二重に存在する。天皇は一人でなければならないのに、二人いるのか、どちらが本当の天皇なのか、等々。天皇をとりまく環境にアイデンティティの分裂が起こり、ひいては国民感情が二分されます。天皇は何処の誰だか分からなくなります。

この混乱は、当然、天皇本人にはね返ります。天皇は、内面の平穏を保つことができなくなりますし、焦りますし、自信喪失に陥ります。天皇のこのような内面の葛藤は、摂政宮（皇太子）との関係にも影響し、両者の感情的対立、不和軋轢の原因になりかねません。大正天皇も昭和天皇も、亡くなるまで長期にわたって病床にありました。お二人はともに、このような苦悩のなかで哀切極まりない死を遂げられた、と伝えられています。

終身在位（摂政設置）制は、無慈悲残酷の極みです。百害あって一利なし、です。この制度のこれらの欠陥は、神聖天皇制のもとでも免れません。ましていわんや象徴天皇制においてをや、です。上述のように象徴天皇制は、制度設計の原点において、本質的に、終身在位（摂政設置）制と相容れないのですから。

先に触れたところですが、象徴天皇は、長期にわたる病床に伏することがなくとも、「象徴という務め」を十全に果たすことができなくなった段階で、もはや「天皇の地位」に止まるべきではなく、その地位を皇太子に譲らなければならない――というのが、今上天皇の「生前譲位」論の主張です。

ここで注目すべきは、譲位の判断基準です。神聖天皇制は、自然の生命現象の消滅をもって譲位を決定します。ところが、象徴天皇制における譲位の判断基準は、「象徴という務め」の履行能力の如何にあります。その務めを果たすことができるのか、もはやできないのか、にあるというのです。どうして、それが判断基準になるのでしょうか。

根拠は日本国憲法第一条にあります。「天皇」は「日本国民統合の象徴」です。その「天皇という地位」

を決するのは「国民の総意」です。象徴天皇制のもとでの「天皇と国民」は「割符の関係」にある、ということです。

もし仮に、天皇が「国民の割符」としての「務め」を果たすことができなくなるとせんか、国民は自分たちを象徴する天皇を失うところとなり、国民はアイデンティティの危機に逢着します。「日本国民統合」そのものが困難に落ち入ります。「主権の存する日本国民の総意」の形成が危殆に瀕します。すなわち、象徴天皇の地位にあるためには、象徴天皇の務め（象徴という務め）を果たすことが決定的条件だということです。

陛下の訴えは、こうです。加齢による身体的衰えのため象徴天皇の務めを十全に果たすことができない以上、その地位にあることは原則的によろしくない、と。それに対する対策として、安倍内閣・政界・官界・学界および情報関係筋（有識者・専門家）などのエスタブリッシュメントが掲げたのは、二つ、「公務の削減」と「摂政の設置」です。いずれも、「神聖天皇＝旧皇室典範」時代の終身在位制を前提としています。

陛下はご自身の問題提起に対して、内閣がその場しのぎの弥縫策としてこれらを提案してくるであろうことをすでに見通しておられたからでありましょう、その二つの逃げ道をあらかじめ塞いでおられます。

まず「公務の削減」について。陛下が予め用意された答えは、以下の通りです。

「天皇の高齢化に伴う対処の仕方が、国事行為や、その象徴としての行為を限りなく縮小していくことには、無理があろうと思われます」

ここにある「国事行為や、その象徴としての行為」について陛下がどのように考えておられるか、ということは、すでに議論したので再述しません。

ただ、指摘しておきたいことがあります。今上天皇は、これらの行為（公務）について、重い軽いの別があってはならない以上、力の及ぶ限りどこまでも「公平性」を追求すべきであって、どの公務についても全身全霊をもってその務めを果たさなければならない、そういうふうに思い定めておられる――まさにこの点にこそ、今上天皇の「象徴天皇としての姿勢」がうかがわれるのではないでしょうか。

そうすると、どうなるか。公務の量の増加です。これについて、陛下ご自身の発言、皇太子徳仁さまの証言があります。以下の通りです。

①今上天皇　六〇歳のお誕生日会見（平成五〔一九九三〕年一二月二〇日）

「私は公務の量が多いとは考えていません。公務は国や国民のために行うものであり、それが望ましいものである以上、一つ一つを大切に務めていきたいと思っています。ただ、昔に比べ、公務の量が非常に増加していることは事実です」

②皇太子徳仁さま　四八歳のお誕生日会見（平成二〇〔二〇〇八〕年二月二一日）

「天皇陛下のご公務を拝見していると、もちろん国事行為としてのご公務がおありになるわけですけれども、それに加えて天皇というお立場であるがゆえに公平性などが重んじられて、式典や、皇居の中での外からは見えないところでのご公務なども随分おありになると思います」

NHKスペシャル『私たちと「象徴天皇」』（二〇一七年四月二九日）は、天皇の公務を「年間一七〇〇件」と報じています。圧倒的な件数です。それでも陛下は、「縮小していくことには、無理があろう」と語っておられます。

公務のなかでもとくに「象徴的な公的行為」は、直に国民に接し・国民と苦楽を共にし・国民の幸せを祈る、というのが務めですから、そもそも〝もうこれでよい〟というような区切りはありません。国民のために祈りを捧げる天皇の務めに終りはない、というのが、今上天皇の基本的な考えだと思うのです。

他方、国事行為についても、もしこれが停滞の余儀なきに至ったときは、国家はその正常な運営を断念せざるをえません。その縮小など論外だということです。したがって、陛下の「お言葉」の通りになります。「国事行為や、その象徴としての行為を限りなく縮小していくことには、無理があろうと思われます」と。

天皇の務め（公務）は国事行為と公的（象徴的）行為からなりますが、いずれも増加することはあっても縮小することは不可能です。（加えて、宮中祭祀があります。これは無理矢理、天皇家の私的行為として区分けされていますが、天皇及び皇室にとって、重要にして欠くべからざる務めです）つまり、天皇の務めは質量ともに大変なことになっている、ということです。にもかかわらず、陛下は年々、歳を重ねていかれます。ご高齢の陛下が、ご自身の納得いくように、その務めを果たすことは、もはや困難な事態です。だからといって、既に見たように、務めの量を減らすことはできません。

進むことも退くこともできません。いったい、どうなるのか。これまでの歴史で言うと、生身の人間である天皇の方が参ってしまいます。つまり、病床に臥する身となり、務めを果たすことができなくなります。そこで摂政を設けて、天皇の代行を務めさせます。天皇の地位はそのままです。と、本来一人であるはずの天皇が「地位としての天皇」と「務めとしての天皇」と、二人の天皇に引き裂かれます。あるいは二重化されます。どちらも天皇なのか、どちらかがホントの天皇なのか、天皇はいなくなったのか、何が何だか、わからなくなります。これは既に書いたことの再述です。

それがどういう悲劇であるのか、そのことについて陛下は次のように書いておられます。

「天皇が重病などによりその機能を果たし得なくなった場合には、天皇の行為を代行する摂政を置くことも考えられます。しかし、この場合も、天皇が十分にその立場に求められる務めを果たせぬまま、生涯の終わりに至るまで天皇であり続けることに変わりはありません」

今上天皇はいまだ明仁皇太子の頃、最晩年の昭和天皇が病に倒れられ、執務不可能状態になられたとき、摂政として天皇代行の務めを果たされました。上記の「お言葉」は、そのときのご自身の体験から出てきていると思います。陛下は、天皇がいかに辛い思いをしたか、とその身になって語っておられます。ご自身は天皇ではなくて、摂政として天皇の代行を務めておられたのですが。摂政も辛かったに違いありません。しかし、そのことは胸に納めて触れず、父親の昭和天皇がいかに辛かったであろうか、とだけ表現することで、明仁皇太子であったときの今上天皇の、身を裂かれるような、辛い思いが、かえって強く伝わってくるように思えるのでした。

天皇と皇太子は赤の他人でなくて、実の親子です。それぞれに妻があり子があり、兄弟なり姉妹なりがあって、皇室というものを形づくっているのでしょう。天皇・皇太子の悲しみ苦しみは、皇室メンバー全体の悲しみであり苦しみです。しかも、彼らのばあい、それぞれが一人の人間であるわけで、自分の悲しみや苦しみの感情を他人に見られたくはないでしょう。しかし、彼らは衆人環視の目を逃れることはできません。

天皇家は、一億を超える人間たちの目に曝されているなかで、親子が、家族が、引き裂かれる、その状況を甘受するしかない、そういう状況のなかで人は自分を人間として保つことができるものでしょうか。そう思うと、心が沈みます。

この節の陛下の主張は、「終身在位・摂政設置」制度がいかに非人間的か、との批判です。

〝生きていてさえいて下されば、それだけで有り難い〟などと、いかにも慈悲深そうな甘い言葉を口にする連中が、口とは裏腹に、天皇に対して、天皇家に対して、どれだけ冷酷無残な仕打ちをしているか、ということです。

天皇からその務め（仕事）を引き剝がしておいて、それどころか、天皇の天皇たる所以を示す「御名御爾」まで没収しておいて、まだ命があるうちは死ぬまでは天皇のままでいてくれればよいから、と言わんばかりの処遇ではないですか。

終身在位制における皇位継承の判断基準は、天皇の生命現象（肉体）の存続か終焉かにあります。

しかし天皇は、肉体（命）だけでなく精神（心）もあります。そういうことは考えないことにする、というのは、ある種の思考停止だと思うのです。

どうすればよいのでしょうか。今上天皇は「お言葉」において答えています。繰り返しになりますが、最後にもう一度書きます。

〝天皇たる者は、もし仮に全身全霊の務めをなしえないとなれば、天皇の地位に在ってはならず、その地位を去って、次の天皇へと譲位しなければならない〟と。

天皇が目指しておられるのは、要するに、皇室典範を改正し、生前譲位を制度化する、これによって皇位の安定的継承を担保する、天皇および皇室の存在根拠を日本国憲法第一条に求める、こういうことではないでしょうか。

第一〇回　合理性を欠く現行制度——崩御・譲位・即位の行事や儀式

【第八節】

天皇が健康を損ない、深刻な状態に立ち至った場合、これまでにも見られたように、社会が停滞し、国民の暮らしにも様々な影響が及ぶことが懸念されます。更にこれまでの皇室のしきたりとして、天皇の終焉に当たっては、重い殯《もがり》の行事が連日ほぼ二ヶ月にわたって続き、その後喪儀《そうぎ》に関連する行事が、一年間続きます。その様々な行事と、新時代に関わる諸行事が同時に進行することから、行事に関わる人々、とりわけ残される家族は、非常に厳しい状況下に置かれざるを得ません。こうした事態を避けることは出来ないものだろうかとの思いが、胸に去来することもあります。

■■ 第八節　終身在位制のもとでの天皇の皇位継承とは ■■

第八節の冒頭、陛下は、「天皇が健康を損ない、深刻な状態に立ち至った場合」と、まず書いておられます。そのとき思い浮かべておられたのは、昭和天皇の病状が日に日に悪化し、永訣のその時に向かっていくのを、ただただ見守ることしかできなかった、およそ三〇年前に身をもって体験された日々のことでありましょう。

このときの原体験があればこそ陛下は、どうあっても「天皇の終身在位」という制度について考えないわけにいかない、と思い定めて来られるのだと察せられます。

明仁皇太子が今上天皇となって皇位を継承される――その運命をどのように受け止めておられたのでしょうか。ぼくには、その胸中をお察しすることさえかないません。

ただ、手掛かりとなるかどうか、昭和天皇の身に異変が起こってからの病状の経過を知ることはできます。その昭和天皇の一大事を世間がどのように受け止めたか、世間の反応も知ることができます。皇室の苦しみについても、知ることができます。

それらは皇太子時代の今上天皇が体験された事実でもあるわけですから、それらを通して間接的にではあれ、当時の陛下（明仁天皇）のお気持ちに思いをめぐらすくらいのことならできるかもしれない――ぼくの今の気持ちはそういうことです。

まず、昭和天皇が「健康を損ない」病気と闘っていかれた事実を記します。

①一九八七（昭和六二）年四月二九日、満八六歳の誕生日の午餐会中に二〇〇㎖の吐血
②同年七月、那須御用邸にて静養中、食欲低下・吐血の日々、医者は胃がんを心配
③同年八月、一ℓの吐血
④同年九月二二日、那須から戻って開腹手術（その後、いったんは公務に復帰）
⑤翌八八年八月一五日、全国戦没者追悼式が最後の公式行事出席となった。
⑥同年九月一八日、三八度台の高熱、大相撲観戦中止
⑦翌九月一九日深夜、大量の吐血
⑧九月二〇日、吐血・下血の繰り返し、医師「当面は絶対安静」
⑨九月二二日、政府、皇太子に全ての国事行為の代行を決定――宮内庁、一般国民の「お見舞い記帳」受付け開始
⑩一〇月一日、大量の下血

皇室は、前途を見失い、重苦しくも暗澹たる雰囲気に覆われます。ところが、世間の気分は、表向きは鬱然としているのですが、前代未聞の事態に逢着し、それへと対処するのにむしろ張り切っているかのような、一種ハイなところをも感じさせる、むしろそういう雰囲気だったのではないで

しょうか。
新聞は、⑦⑧の段階でXデーに備えて記事の準備に入ります。さらに⑨の、皇太子による国事行為代行の決定、「お見舞い記帳」受付け開始が、合図というか、〝スタートの号砲〟として聞こえたのかどうか、九月末から一〇月にかけて、自粛ムードが連鎖反応のように広がります。順不同で幾つか例を挙げます。

各地の祭り中止。京都の「時代祭・鞍馬の火祭」(一〇月二二日)中止決定。日本歌謡大賞(一〇月二一日)中止決定。中日ドラゴンズ優勝祝勝会ビールかけ自粛。京都国体花火打ち上げ中止。明治神宮野球大会中止。閣僚・議員は中央に釘付け。地方議員の海外出張取り止め。テレビCMの差し替え。スーパーやデパートの店頭から赤飯が消える。服装を地味にせよと社命、等々。

この自粛風潮に対して、政府は九月二九日、「国民生活に著しい支障が出るのはいかがなものか」と苦言を呈し、明仁皇太子も一〇月八日、過剰自粛について懸念を表明されます。

そしていよいよ「深刻な状態に立ち至」ります。

⑪一二月五日、十二指腸付近から一〇〇〇ccを超す出血、最高血圧四〇台、酸素マスク使用、意識消失約五時間

⑫一二月一一日、頻脈症状、心臓機能低下、意識ほとんどない
⑬一九八九年一月七日午前六時三三分、十二指腸がんのため裕仁天皇、皇居吹上御所にて逝去、八七歳。在位期間、歴代最長六二年
⑭一月八日、元号を「平成」と改元
⑮一月九日、午前一一時、天皇践祚後「朝見の儀」(皇居・松の間)

ここに見るように、昭和天皇が立ち至った「深刻な状態」は丸々一ケ月続いた、ということです。これは、明仁皇太子・美智子妃殿下にとっても、「深刻な状態」が丸々一カ月続いたことを意味します。皇太子として、皇太子妃として、それこそ「全身全霊をもって」すべてに対処されたに違いありません。と同時に、まさにこの深刻な日々、お二人は、ある種の空しさというか、あるいは虚しさと書くべきか、それに加えて〝生は孤なり〟というような思いをも、体験されていたのではないでしょうか。そんな気がしてなりません。

上記冒頭の文章に続いて陛下は、「これまでにも見られたように、社会が停滞し、国民の暮らしにも様々な影響が及ぶことが懸念されます」と述べ、社会や国民への影響を心配しておられます。心配なのはむしろ、両陛下ならびに天皇家のご家族のほうなのですが。

要するに、「深刻な面持ちの皇室」と「自粛ムードの国民」とでは、流れている時間がまったく

別ものであるかのように感じられた、ということです。

自粛ムードはいったん鎮まるのですが、天皇が逝去すると再燃します。どういうことが起こったのか、あらましを見ておきます。

街は、国旗の竿先の金色の球に黒い布をかぶせた弔旗が林立、ハデな看板は布で覆われる、夜はネオンも消え、パチンコ店は音楽も控える。証券取引所が一月七日の立ち会いを停止。シュウマイの崎陽軒が鯛めしと赤飯弁当の販売を七日から一三日まで中止。TVは特別放送態勢、民放のCM一斉に放映中止。娯楽関係も休業続出――七日のみ休業は吉本興業、七日八日休業は東京国立劇場、能楽堂、東宝系直営館、西武ゆうえんち、豊島園など。正月のスポーツやギャンブルも相次ぐ中止や延期――中央競馬会・地方競馬全国協会の全レース（七～一二日）中止、競輪・競艇など公営ギャンブルも全国全レース中止、全国大学ラグビー選手権決勝・全国社会人ラグビー大会決勝・全日本バスケットボール総合選手権女子決勝など延期、高校ラグビー決勝は中止（両校優勝）。

国民は条件反射的に、「初めに自粛ありき」でもって対処します。〝日常的には問題がなくても、物事は時と場合によりけりだから、ひんしゅくを買いそうなことは遠慮しよう、自粛しよう〟という空気が支配的になります。自粛の空気が読めないKYは咎められ、自粛ムードは一気に広がります。それは、しかし、単なる気分です。その筋が〝過度の自粛は好ましくない〟と声をかけると、〝待ってました〟と言わんばかりに元の日常に帰っていきます。潮が引くように、と言いたくなるほどの〝事勿れ主義〟です。

世間はこんな調子です。世間ではなくて、国民とか社会というふうに言い換えても、調子は似たり寄ったりだと思います。しかしながら、天皇ないし皇室に起こっている事実は、まったく別次元の事柄でした。

既述の年表の最後の部分を見てください。⑬に「一九八九年一月七日 昭和天皇逝去」とあり、翌八日の項⑭に、「昭和」から「平成」へと改元されたことの記載があります。問題にしたいのは、その直ぐ後の、平成時代スタートの二日目、平成元年一月九日の項⑮に、「天皇践祚後、朝見の儀（皇居松の間にて）」とある、この記載です。

最初ぼくは、⑮のこの記載について、ほとんど関心を持ちませんでした。今にして想えば、そのときのぼくは、⑮の儀式のことを、無数にある皇室儀式の一つだろう、くらいにしか思っていなくて、そのままスルーしたのだと思います。しかし、よくよく考えると、この⑮の儀式は「終身在位制」の本質に深く関わっているのだな、と気づかされました。

まず言葉の意味から説明します。

「践祚《せんそ》」とは、皇位（祚）の象徴である「三種の神器」を受け継ぐ（践）ことによって、天皇の位に就く（践祚）こと、を意味します。

この「践祚」の儀式を終えたあと、新たに皇位に就いたばかりの天皇は、三権の長をはじめ各方面の要人らに会い、「お言葉」を述べ、それを受けて内閣総理大臣が奉答します。それが「朝見の儀」です。


このように書くと、皇太子は、立派な儀式において・真っ当な筋道を踏み・正式に、天皇の位に就いた、かのように思われるでしょう。しかし、それは事実に反します。

細かいことを言うようですが、年表をよく見てください。まず⑬、昭和天皇が逝去されたのが一月七日の午前六時三三分です。そして⑮、「即位後朝見」の儀式がとり行なわれたのが九日の午前一一時です。

この間、まる二日、天皇は存在していません。その地位に誰もいないのです。空位です。空のままにしておくわけにいきません。急いで埋めなければなりません。略儀ながら大急ぎで、皇太子を昇格させて天皇の地位につける。それが「践祚・朝見の儀式」です。

あくまでもそれは、略式です。天皇が然るべき儀式によって権威づけられた正式の天皇の地位に就く儀式は、これとは別にあります。「即位礼」です。それは、しかし、無事に「大喪の儀・大喪の礼」を終え・一年の服喪が明け・最初に迎える大嘗祭のときまで待たなければなりません。今上天皇は、略式の・臨時の・間に合わせの天皇の地位にあって天皇の務めを果たし、然る後に、晴れて正式の天皇になられた、というのが実状だったのです。

形のうえでは天皇であっても、正式にはいまだ天皇になっていない。「即位礼」によって名実ともに天皇になられるまでの、今上天皇は、天皇の座についてはおられても、さぞかし座り心地が悪かったのではないでしょうか。

天皇と言えば、いまだ先代の昭和天皇であるかのような、ご自身は天皇にちがいないのだけれども、どこか実感がともなわないような、曖昧な混乱の中をあちこちしているような、そういうご自身のあり方について、陛下はどこか違和感があった、というより、心の底から得心がいくというふうにはどうしてもなれなかった、ということではないでしょうか。

しかし天皇は、このように納得できない事実であるにもかかわらず、その事実を受け入れて、その事実に従わなければなりません。

なんたる不条理！　と叫びたい、しかし、叫ぶなんて〝以ての外〟と禁じられています。それのみならず、天皇はいくら〝略式の天皇〟であっても、従来の皇室のしきたりに従い、天皇としての務めを果たさなければならない、と命じられています。

その間の天皇の務めは、略式といえども、生半可なものではありません。先にぼくが引用した「お言葉」に続いて陛下は、次のように語っておられます。

「更にこれまでの皇室のしきたりとして、天皇の終焉に当たっては、重い殯《もがり》*注の行事が連日ほぼ二ケ月にわたって続き、その後喪儀《そうぎ》に関連する行事が、一年間続きます。その様々な行事と、新時代に関わる諸行事が同時に進行することから、行事に関わる人々、とりわけ残される家族は、非常に厳しい状況下に置かれざるをえません」

肉体的・精神的に、いかに大変か！ 陛下のお言葉には悲鳴にも似た響きがあります。

昭和天皇逝去から「即位礼・大嘗祭」を終えるまでに、ほとんど二年の歳月を費やしています。その間、物凄い数の儀式です。調べたところ、ざっとですが、逝去から大喪儀（いわゆる葬式）までに約二〇件。大喪儀から服喪の一年間に二三件。「即位礼・大嘗祭」関連の儀式行事が準備と本番を合わせて、およそ三〇件。

これらの儀式行事がどのような内容のものか、とても調べきれません。だから、逝去から大喪儀までのこと、そしてそのあとの服喪のこと、即位礼・大嘗祭の準備のこと、等々について、分かるのは〝その流れ〟くらいのことにすぎません。その程度のことですが、以下に記しておきます。

一　逝去当日。櫬殿《しんでん》（櫬＝ひつぎ。櫬殿＝ひつぎの間）にて。吹上御所の二階の寝室から一階の居間にご遺体を移す。当日夜は内輪の通夜。翌日の夕刻、「お船入りの儀」（遺体を柩に入れる）。以後、皇族・親族・側近の拝訣が続く。

二　逝去一三日後。殯宮《ひんきゅう》（殯＝もがり）にて。（注　皇居正殿・松の間を「もがりの間」とし、そこへ柩を移す）公式通夜開始（首相、両院議長、最高裁長官、各国駐日大使など）。一般国民の弔問受付。

三　逝去四五日目（一九八九年二月二四日）。大喪儀（皇室祭祀）・大喪礼（国事行為）の挙行。①葬列。皇居から新宿御苑まで。【大喪の礼】。

＊注　殯《もがり》について（日本財団図書館『私はこう考える「天皇制について」』を参照しました）。
①殯は、日本の古代に普通に行なわれていた葬送のやり方。一定期間柩を仮小屋（殯宮）に見たてて、そこに安置（仮に埋葬）する。そうしておいて、諸儀礼を尽くして霊魂を慰撫する。然る後に埋葬する。それが殯である。
②とくに天皇家の場合、殯は、死霊が祟らないようにするための「鎮魂の儀式」だったのではないか。別言すれば、遺体の腐敗・白骨化などの物理的変化を見届け、もはや「荒ぶる魂」にならないことを確信できるまで、鎮魂するのが目的だったのではないか。

②斂葬《れんそう》の儀。斂《れん》は収斂《しゅうれん》の「斂」で「納める」の意味。【大喪の儀】（＝本葬）。
・葬場殿の儀。新天皇の拝礼。「御誄《おんるい》（＝弔辞）」の奏上。
・奏上が終わると、葬場から鳥居など宗教的要素を持つものを撤去する。
③大喪礼。【大喪の礼】（＝告別式）。
・内閣官房長官の言上「大喪の礼、御式を挙行します」。
・天皇皇后の先導にて正午から一分間の黙禱。
・内閣総理大臣をはじめ三権の長、拝礼と弔辞。
・外国元首・弔問使節の拝礼。
・参列者の一斉拝礼。大喪礼終了。
④葬列。新宿御苑から武蔵陵墓地まで。【大喪の礼】
⑤陵葬の儀。埋葬（霊柩を陵に納める。注、今上天皇の場合は火葬、陵墓地内に専用施設を設けて火葬に付した後に埋葬する）【大喪の儀】
四　四五日目、斂葬・陵葬当日。権殿《ごんでん》
①今は亡き昭和天皇の霊代《れいだい》（みたしろ）を、殯宮と同じ場所に設営する奉安宮に祀り、権殿（仮に移し安置しておく所）とする。
②権殿と陵では一〇日ごとのお祭り、五〇日祭、一〇〇日祭、一周年祭の儀がある。儀式はまる一年続く。皇族は喪に服す。慶事・年中行事は取り止めになる。

③一周年祭の後、霊代を宮中三殿の一つ、皇霊殿にお移しする。
④今上天皇の「即位礼・大嘗祭」関連の儀式は、喪が明ける前、一九九〇年一月二三の「期日報告の儀」から始まり、一年間にわたって関連する儀式行事が行なわれた。

以上にごくごく粗っぽく事柄の経過を見てきたわけですが、ほんとうに少ない、わずかこれだけの情報ではあっても――先代天皇が危篤状態に落ち入られた一九九八年一二月から、逝去され、その後に殯《もがり》があって、大喪礼・大喪儀があって、服喪があって、即位礼・大嘗祭を終える一九九〇年一二月までの――この丸々二年というものが、どれだけ大変であったか、察するに余りあるものがあります。

このことについては今此処でどうしても言っておかねばならない、というのが、陛下の思いだったのではないでしょうか。この問題提起が直ちに実を結ばないにしても、です。

先の引用部分と一部重なりますが、陛下は次のように述べておられるのでした。

「(大量の行事が続くために) とりわけ残される家族は、非常に厳しい状況下に置かれざるを得ません。こうした事態を避けることは出来ないものだろうかとの思いが、胸に去来することもあります」

この問題意識から陛下は、暗に二つの提案を示唆しておられると思います。

一つは、土葬を廃止して火葬に切り換えるなど、できるだけ葬儀など儀式行事の簡素化、経費の削減を図ることです。しかし宮内庁は、たとえば「御葬儀のあり方について」（平成二五年一一月）のなかで示している基本的な考え方なんかを見ると、陛下の目指す方向とは真逆です。陛下の問題意識など、歯牙にかけようともしません。愕然とします。

宮内庁が重視しているのは、たとえば、

①御身位（身分と地位）にふさわしい御陵・御葬儀とする。
②皇室の御葬儀の伝統的方式及び昭和天皇の大葬儀の先例を基本とする。
③御火葬後も一年間、従来と同様の儀式を行う。

等々です。

彼らが拠りどころとする法律は、「皇室服喪令」（明治四二年）、「皇室葬儀礼」（大正一五年）、「新皇室典範」（昭和二二年）などです。

考えてみれば、皇室の儀式行事は宮内庁の仕事場です。縄張りというか、テリトリーというか。仕事を増やそうと企むことはあっても、減らすことには抵抗があるのではないでしょうか。儀式行事の簡素化を実現するには、立ちはだかるこれら役所役人の壁を崩さなければならず、陛下としては苦戦を強いられる、そういう状況ではないかと案じられます。


いま一つは、すでに詳述してきたところですが、先代天皇の最期の日々（皇太子の天皇代行）→先代天皇逝去（まる二日間の天皇空位）→天皇践祚・朝見の儀（＝略式天皇即位）→略式天皇のもとでの儀式行事（もがり・葬儀・服喪）→即位礼・大嘗祭（正式天皇の正式即位）」というのが、従来の終身在位制度における、皇位継承時の、物事の流れです。

この、危うい綱わたりのような、皇位の継承にはそもそも無理があります。そしてこのような無理は、終身在位制を維持する限り、解決できない難題なのではないでしょうか。

それが、陛下の「お言葉」の趣旨だと思います。陛下は提案しておられます。「皇位継承」に関わる制度を、「終身在位制」から「生前譲位制」へと変革する必要がある、と。

今回は、陛下の「終身在位制」批判について考えました。

次回で、陛下の「皇位の生前譲位」論を考えたいと思います。

第一一回　生前譲位――象徴天皇の皇位継承

【第九節】

始めにも述べましたように、憲法の下《もと》、天皇は国政に関する権能を有しません。そうした中で、このたび我が国の長い天皇の歴史を改めて振り返りつつ、これからも皇室がどのような時にも国民と共にあり、相たずさえてこの国の未来を築いていけるよう、そして象徴天皇の務めが常に途切れることなく、安定的に続いていくことをひとえに念じ、ここに私の気持ちをお話しいたしました。

■■第九節　皇位の継承――「国民と共に」の祈りの立場から■■

第九節の書き出しの部分に、「始めにも述べましたように」とあります。「始め」とは第三節のことを指しています。そこで、第三節の趣旨を踏まえて、この節のテーマ設定を明らかにするところから始めたいと思います。陛下のお気持ちに即して書くと、こういうことではないでしょうか。

――天皇は「国政に関する権能を有しない」（憲法第四条）とされていますから、法改正や政権批判などに関わって自由に発言するという、そういう政治的権利を有しません。つまり、今のこの場合について言えば、「現行の皇室制度」にじかに触れて具体的な議論をすることはできません。そのことは十分承知しています。しかし、制度としての天皇の在り方に関わるからといって、天皇本人はいっさい発言してはならない、というようなことが罷り通ってよいとは思えません。

――天皇は神ではなくて人間です。人間ではありますが、この国の国民個々人に属するところの基本的人権がそのまま与えられているわけではありません。大きく制限されています。それでも天皇は、やはり一個の人間です。基本的人権のほとんどが許されていないにしても、それ以前に、天皇は一個の人間なのです。なによりもまず人間である天皇から、人間であることの権利、人間であることの自由まで奪うことができるでしょうか。

人間・明仁天皇には、他のいかなる存在によっても侵すことのできない、陛下ご自身に固有の領域というものがあります。「自分」という領域です。その「尊厳」ということです。

思わず「自分という領域の尊厳」という趣旨のことを書いてしまいました。今回の「お言葉」の最初と最後において二度も、憲法四条に言及することによって陛下は、自分としては「国政に関する権能を有しない」ことは十分に承知しているけれども、それを前提したうえで、八〇歳を越えた今日この頃、どうしてもこれだけは言っておかなければならない――そんなふうに自分で考え・自分で決定し・自分で行動し、そうして結実したのが、このビデオメッセージなのだ、と示唆しておられます。

このように陛下における「自分」を強調したのは、明仁皇太子がいまだ少年であった頃に薫陶を受けたと伝えられる家庭教師・ヴァイニング夫人の晩年、齢八〇のときの言葉が忘れられないからです。彼女は次のように明言したそうです（牛島秀彦氏の取材による）。

「私は皇太子殿下にいつも『自ら考えなさい』と言い、物事を一方的に見ないで、あらゆる面を注意ぶかく見るようにして、ご自分で決定して行動なさるように言いました。殿下はそのことを実践していらっしゃいますので、大変うれしく思います」

以上は、第九節最初の一文についての考察です。憲法第四条の下で「お言葉」を発信される陛下の「お気持ち」に思いをめぐらしつつ書きました。

さて、そこで第九節の本論です。この本論は、ビデオメッセージ「お言葉」の全体をまとめて締め括る位置にあるのですが、一文構成です。最後に句点「。」を打つまで、読点「、」でつないであります。国民に伝えたいと「ひとえに念じ」ておられる陛下の「お気持ち」が、ここに一気に吐露されてあるかのような、聞く者・読む者の心に迫ってくる力を感じないわけにいきません。その内容を以下にあらかじめ示したうえで、個々に見てゆきます。

曰く、

「そうした中で、(第一) このたび我が国の長い天皇の歴史を改めて振り返りつつ、(第二) これからも皇室がどのような時にも国民と共にあり、相たずさえてこの国の未来を築いていけるよう、(第三) そして象徴天皇の務めが常に途切れることなく、安定的に続いていくことをひとえに念じ、ここに私の気持ちをお話しいたしました」

(第一) このたび我が国の長い天皇の歴史を改めて振り返りつつ、陛下は過去の天皇の歴史のなかで、とくに「生前譲位」した天皇について調べられたのではないでしょうか。ぼくはこの方面の知識がまったくなくて、申し訳ないのですが、高埜利彦氏 (歴史学者・学習院大学教授) の言説をここに紹介させていただきます (『朝日新聞』二〇一六年八月九日「耕論」『象徴天皇のあり方』)。

「陛下は実に勉強家で、江戸期の天子のあり方についても非常によくご存じです。（中略）江戸期の天皇の役割は、歴代将軍と家康をまつる東照宮の権威づけのほか、（中略）古代以来担った元号や官位を決めることなどでした。（中略）江戸期はしばしば、天皇は皇子らに譲位して、自らは上皇になることがありました。引き継ぐ天皇が幼少であったり、女帝だったりした時は、上皇が手助けのために、院政を敷くケースも江戸期だけで八度ありました。

陛下が退位のご意向をもたれたとしても、過去の歴史から見れば異例のことではないのです」

明治の大日本帝国以来、終身在位の天皇でやってきたわけですから、生前譲位についてある種の違和感を感じる向きがあるのは無理からんことかもしれません。ただ、天皇の歴史を知悉する陛下としては、〝生前譲与は、長い天皇の歴史では普通に行なわれてきたことであって、なにも珍しいことではないし、ましてや忌避すべき合理的な理由は何もない〟というのが正直な感想ではないでしょうか。

事実を調べてみると、（神話の時代をも含めて）天皇の時代はなんと二六〇〇年以上、その皇位は一二五代にも及びます。そのなかで「生前退位」天皇の事例は実に五八例、全体の四六・四パーセントを占めると言います。

明治の神聖天皇の場合でさえ、「終身在位制」とのあいだに合理的な整合性があるかどうか疑わしいことについては、すでに触れました。いわんや日本国憲法下の象徴天皇の場合、「終身在位制」でやっていけるという合理的な根拠・見通しがまったく見当たりません。

この点についても、検討しました。

今上天皇は、史上最後の「生前譲位」した天皇である光格天皇（在位一七八〇～一八一七）の事績に立ち戻って考量し、熟慮してこられたと伝えられています。ぼくらも「生前譲与」天皇の事績について調べてみる必要があるのではないか、と感じました（なお、光格天皇は、すでに紹介したように、「天明の大飢饉」の際に後桜町上皇とともに民衆救済のために動き、幕府と交渉に当たった天皇です）。

（第二）　これからも皇室がどのような時にも国民と共にあり、相たずさえてこの国の未来を築いていけるよう、天皇皇后両陛下の人生のテーマというのは、畢竟《ひっきょう》するところ、「どのような時にも国民と共にあり、相たずさえてこの国の未来を築いていけるよう」にと祈る、この「祈り」に尽きるのではないでしょうか。

国民皆は、両陛下のこの祈りに導かれ、その祈りに自らの思いを重ねる、そのようにして重ねると重なるがゆえに、天皇は国民と割符の関係となることができ、だから国民の象徴たりうるのではないかと思います。陛下ご自身による象徴天皇論について、これ以上の再論はしません。ただ、復習のつもりで、天皇皇后両陛下の「お言葉」の中から幾つかを以下に示します。

①皇太子時代・ご結婚二五周年会見。

「政治から離れた立場で国民の苦しみに心を寄せたという過去の天皇の話は、象徴という言葉で表わすのに最もふさわしいあり方ではないかと思っています。私も日本の皇室のあり方としては、そのようなものでありたいと思っています」（昭和五九年四月六日）

②天皇陛下七二歳のお誕生日会見。

「私の皇室に対する考え方は、天皇および皇族は国民と苦楽をともにすることに努め、国民の幸せを願いつつ務めを果たしていくことが皇室のあり方として望ましいということであり、また、このあり方が皇室の伝統ではないかと考えているということです」（平成一七年一二月一九日）

③皇后さま、欧州ご訪問を前にしての記者会見。

「象徴でいらっしゃる陛下のおそばで、私も常に国民の上に心を寄せ、国民の喜び事をともに喜び、国民の悲しい折にはともに悲しみ、またともにそれに耐え続けていけるようでありたいと願っており……」（平成一二年五月八日）

（第三）　そして象徴天皇の務めが常に途切れることなく、安定的に続いていくことをひとえに念じ、ここに私の気持ちをお話しいたしました。

ここで陛下が「常に途切れることなく、安定的に続いていくことをひとえに念じ」ておられるのは、「象徴天皇の務め」について、です。陛下が重く見ておられるのは、「天皇としての地位（立場）」ではなくて、「象徴天皇としての務め（活動）」です。

象徴天皇のほかに担う人のいない・象徴天皇ただお一人に委ねられているところの、「国民統合を象徴する」という「務め（活動）」が、途切れることなく引き継がれていかなければならない、ということです。

では、この「国民統合を象徴する」「務め」というのは、どのようにして為し遂げられるものなのでしょうか。「第二」における両陛下のお言葉を引き継いで言うと、こういうことだと思います。

――国民に我が身を寄せて・国民と苦楽を共にし・国民のことを思って祈り続ける。この営みに込められた思いは、自ずと天皇の身に体現され、かつ言葉となって表出される。その、体現され表出される〝無形のパワーみたいなものの〟が、個々の国民の中に、国民皆の中に、いわば〝居場所〟を見出して棲みついていく。その〝無形のパワーみたいなものの居場所〟を国民が共有することで、人びとのあいだに安寧と平和がもたらされるのではないか。割符を合わせるような、忍耐を要する、この、気の遠くなるようなプロセスを、倦まず弛まず歩み続ける。それが、象徴たらんとする天皇の務めなのではないか。

であるからこそ陛下は、「天皇のこの務め」が途切れることなく、どこまでも引き継がれていくようにと、「お言葉」の最後に念願しないではいられなかったのではないでしょうか。

象徴天皇において、「地位」と「務め」が一体不可分であることは言うまでもありません。ただ、あえて言うならば、「地位」ではなくて「務め」であらねばならない、というのが陛下の考えです。「全身全霊をもって」する「象徴の務め」という、「お言葉」第五節のなかの表現も、レトリックなどではなく、陛下ご自身の「象徴天皇論」の核心から自ずと発せられているのだと、改めて得心した次第です。

この論でいけば、象徴天皇としての務めができないのであれば、にもかかわらず天皇の地位に在ることは許されません。ところが、終身在位制のもとでは、天皇が生きているということ、そのこと自体が、天皇という地位に在ることを意味しています。命のある限り天皇なのであって、天皇は自分の意志で天皇を辞める（止める）ことはできません。存命中の天皇がその地位を次代に譲る「生前譲位制」は、なんらかの思惑や恣意が介入しかねないことを理由に、制度化の道が封じられています。どこまでも「終身在位制」で行く、それが政府の決断です。

しかし上述のように、そもそも論として象徴天皇制は、「（象徴の務めができるかどうかで進退を決断する）生前譲位制」が本来の在り方ですから、「（命のある限り死ぬまで天皇でなければならない）終身在位制」とは折り合うことができません。

それよりもなによりも、終身在位天皇制のもとでの天皇の身になって考えてみてください。天皇に対する仕打ちは残酷に過ぎます。法律とか制度とかを持ち出してあれこれ言うより以前の問題として、それは、「人間の自然」とされているものを侵し、「人間という存在」そのものを蔑する仕業ではないでしょうか。現行「皇室典範」が「終身在位制」の下にあることは恥ずべきことです。これを廃棄して「生前譲与制」を採用しなければなりません。

他方、生前譲位制へと改革することができれば、天皇および皇室に対して国民は、人間として真っ当な、まだしも道理にかなった態度で臨むことができるのではないでしょうか。

①これまでの終身在位制下の天皇だと、天皇の地位にある状態で・高齢となり・病臥し・最期を迎え・逝去したあとは、後続の者に任すしかありませんでした。後続の、昨日までは皇太子を務めていて略儀ながらその日その位に就いたばかりの新天皇が、そのあと丸一年、心身ともに疲れ果て、どんな思いをされたか、すでに見たとおりです。

②ところが生前譲位制だと、天皇は、その務めが十分に果たせなくなったと判断した段階で、践祚の儀式を開き、自らの手で皇太子に三種の神器を引き渡す行為を行なうことができます。つまり、

天皇の地位を譲与することができます。自身は上皇になるだけのことです。

さらに言えば、この場合、前天皇は逝去せず、上皇の地位にあるわけですから、終身在位制のときと違って、前天皇の喪に服する必要がありません。したがって、すぐに即位式の準備にとりかかり準備ができ次第、内外の貴顕を招いて皇位継承の祝宴を開催することができますし、上皇上皇后は新天皇の晴れ姿を祝うことができるのです。

③もう一つ、理にかなった事柄があります。ぼくの気持ちとしては考えたくもないのですが、今上天皇に万が一のことがあったときのことです。生前譲与により、今の皇太子さまが天皇になっておられたとしたら、陛下は天皇ではなくて上皇として逝去なさることになります。この制度だと、「上皇の逝去」はあっても「天皇の逝去」はない、ということです。

存命中の天皇が後継者に皇位を引き継いでいくのが世の習いとなるのですから、ものは言いようですが、天皇は決して死なない――死ぬのは上皇になってから――ということになります。天皇制は揺るがない、ということです。

④象徴天皇が常に健在でその地位にあり、国民との割符の関係が途絶えない――ということは、天皇にいざという時がないことを意味するのですから、例の〝自粛〟という名の大騒ぎも自ずと静まるのではないでしょうか。

さらに言えば、現制度化での天皇逝去だと、大がかりな「大喪の儀・大喪の礼」を避けることは難しそうですが、上皇逝去の場合だと、諸儀式の簡素化が可能となり、多少なりとも今上天皇の思いをかなえることができると思うのです。

⑤最後に、終身在位制と生前譲位制を理解するために、身近な例をあげます。

一家の戸主（戸籍筆頭者）が、代々の戸主に受け継がれてきた家督（権利・義務）を次代の戸主となるべき長男に譲らず、したがって戸主の身分のままで死亡したとします。この場合、新たに戸主となる長男が、前の家長である父親の葬式を出すことによって、家督を継ぐことになります。これが、終身在位制です。

他方、生きているうちに長男に家督を譲って、自分は隠居してしまう戸主もあります。ご隠居さんが亡くなったとき葬式を出すのは一家の主、すでに跡目を継いでいる戸主です。この方が、どちらかと言うと、一家の大事に多少は余裕をもって対処することができるのではないでしょうか。これが、生前譲位制です。制度としての安定性ということで言えば、後者が勝ると思うのですが。

陛下は、「主権を有する日本国民の総意に基」づいて、天皇という「地位」に在ります。この地位に在る者には、その地位に在るという、まさにそのことによって引き受けなければいけない「務め」というものがあります。

その「務め」とは何か。「日本国の象徴であり日本国民統合の象徴であ」るべし、ということです。日本国の・日本国民統合の象徴であるべし、というのが、その「務め」である以上、「天皇」という地位（立場）と「象徴」という務め（活動）とは、一体不可分でなければなりません。象徴の務めが果たせなくなった時点で、天皇はもはや天皇たりえないわけですから、天皇の地位を次代に譲与しなければなりません。

つまるところは、皇室典範の制度設計を変更しなければならない、ということです。陛下が「お言葉」で訴えられたのは、要するに、この一点に尽きます。

〝加齢のため身体的に耐えられなくなったから、代ってくれ〟なんて！　この種の泣き言を言うほど、陛下はやわではありません。まったく逆です、強靭そのものです。

いやしい邪推を働かせて、問題をすり替え、その場をしのごうなんて、恥ずかしいことは止めてもらいたいものです。

第一二回　象徴天皇における「象徴」の意義

【第一〇節】
国民の理解を得られることを、切に願っています。

■■第一〇節　結語――国民の理解を求めて・国民に直訴する■■

第九節の最後は、「ひとえに念じ、ここに私の気持ちをお話しいたしました。」という文章です。ビデオメッセージの「お言葉」は、ここでいったん終わっていると思うのですが、陛下としては、どこか終わっていないというか、言い尽くせていないというか、そういうお気持ちが残ったのではないでしょうか。そのあとタイミングをはかるかのように改行して、次の一文を加え、結語としておられます。

「国民の理解を得られることを、切に願っています」と。この一文を、第十節として取り上げたいと思います。

その第十節は、第九節の最後（＝第十節直前）の文脈に立ち返り、つなぎ直す形で語られています。そのつながりが解るように、以下に引用して示しますと、

「そして象徴天皇の務めが常に途切れることなく、安定的に続いていくことをひとえに念じ、ここに私の気持ちをお話しいたしました。国民の理解を得られることを、切に願っています」

となります。

陛下のお気持ちは、こういうことだと思います。

――「象徴天皇の務め」の安定的継承を念ずる私の気持ちを、国民に理解してほしいのです。

国民に理解してもらわないと、象徴天皇制は立ちゆきません。ですから、国民に呼びかける形でないと終わることができないのです。すでに触れたように、象徴天皇制のもとでは、天皇と国民は「割符の関係」なのですから。

陛下が強調しておられるのは、天皇の、地位ではなくて「務め」の安定的継承です。神聖天皇ならともかく、象徴天皇の場合、むしろ大切なのは、「象徴する」という天皇の「務め・働き・行為・公務」をどのように考えるか、象徴天皇の「象徴」を何と心得るか、ということだと思います。

今上天皇による象徴天皇論は、第六節にその本格的な議論が展開されており、すでに紹介したところですし、重なるところも出てくるかもしれませんが、最後のまとめとして、今一度、「象徴」天皇について再論を試みたいと思います。

せっかく陛下が〝ビデオメッセージの「お言葉」の中心テーマは、象徴という天皇の務めにある〟ことを想起させてくださったのですから。

ここで『新明解国語辞典』(三省堂)の「象徴」の項から、そのあらましを示します。

【象徴】言葉では説明しにくい概念とか・内面的な深い内容を、具体的なものによって表わすこと・代表させること。

日本国憲法は、生身の人間として具体的に生きている人間(＝天皇)を「象徴」と規定することによって、一口では語れそうにない「日本国」という国家を代表させ、また日本国民統合という抽象的概念を表現している、と敷衍して述べることができると思います。

かくして天皇は、国民ないし国民皆（国民統合）を象徴する——代表する・表現する——ことになるわけですが、それは、まずは原理原則として・建て前としてそう言えるにとどまります。建て前ではなくて、ほんとうに天皇が国民ないし国民皆（国民統合）を表現し象徴するためには、天皇がその一身に「国民ないし国民皆（国民統合）」を体して現さなければなりません。

そして、国民のことを我が身に体現せんとすれば、国民に身も心も捧げ、国民ないし国民皆の思いの——喜びはもちろんですが、とりわけ苦しみや悲しみなどの——すべてを引き受けてかかる覚悟が問われるのではないでしょうか。

陛下は皇太子の時代からずっと言って来られました。「国民の苦労はともに味わう」「国民とともに歩む」「国民の幸せを願いつつ務めを果たす」「国民と苦楽をともにする」と。

また、皇后さまのお言葉にもあります。

「象徴でいらっしゃる陛下のおそばで、私も常に国民の上に心を寄せ、国民の喜び事をともに喜び、国民の悲しい折にはともに悲しみ、またともにそれを耐え続けていけるようでありたいと願っており……」（平成一二年）

身に体したものは現われます。引き受けたものは表われます、引き受けた人の上に。ということが、「天皇における象徴」ということを理解するための基本だと思うのです。

何が言いたいのか。天皇は、国民の喜怒哀楽などありとあらゆる思いを引き受け、身に体するために、人々との出会いを求めて全国行脚の旅に出なければならない、そのように考えられたのだと思います。

第六節の最後の文章を再引用します。

「皇太子の時代も含め、これまで私が皇后と共に行なって来たほぼ全国に及ぶ旅は、国内のどこにおいても、その地域を愛し、その共同体を地道に支える市井の人々のあることを私に認識させ、私がこの認識をもって、天皇として大切な、国民を思い、国民のために祈るという務めを、人々への深い信頼と敬愛をもってなし得たことは、幸せなことでした」

全国四七都道府県を巡って来られた両陛下は、その地域地域の自然や風土を体験し、地域を支えている共同体の歩みや営みに学ばれました。そして、どこへ行ってもそこの共同体を構成する、名もなき市井の人びとと直に触れ合い、笑顔や涙と共に言葉を交わす機会をも持って来られました。

両陛下にとってそこは、公の場です。ＴＶの映像なんかで見ると、両陛下が会場に姿を現わし、会釈しつつ進みます。挨拶がありますます。加えて「お言葉」があるかもしれません。人びととの間に、ちょっとした言葉のやりとりもあるでしょう。これらを含むすべてにおいて、陛下は天皇として存在し、天皇として行為しておられます。すべてが天皇の公務です。

天皇・皇后は、このように公の場で公務につくことのなかで、〝ああ、これがわが国民なんだ！〟と実感するときがあるのではないでしょうか。

また市井の人びとのほうも、このような場で直に出会うことによって、天皇・皇后を、言葉だけの存在ではなくて、自分自身の個人の体験として感じることができる、そういうことだと思うのです。実際にはかくして、市井の人びとの心の中に天皇・皇后が生まれ、天皇・皇后の心の中に国民ないし国民皆（国民統合）が生まれるのではないかと思います。

国民は国民皆でなければなりません。「国民」の中から、弱い立場の人びと・苦しみにさいなまれている人びと・悲しみの底に沈んでいる人びとを除くと、「国民皆」になりません。国民はどこまでも国民皆でなければなりません。

天皇・皇后は、弱い立場を強いられているどんな少数の者たちにも身を寄せて、彼らの苦しみや悲しみを身に体する、そうしてその姿を公の場で当の国民に見てもらう、天皇である我が身のなかに自分自身を見いだしてもらう、それこそが「象徴」天皇の務めでなければならない——このように考えて来られたのだと思います。国民と天皇は、ともに一つの割符なのだから、と。

陛下はこの「象徴という務め」の道を歩み続けて来られました。それは、一本の真っ直ぐな道ではありませんでした。

無数の道を歩いて歩いて、振り返ったとき一本につながるように、歩いて来られました、それにしても、容易ではない難路を、よくぞここまで……というのがぼくの印象です。

支えてきたのは、「国民の思いに寄り添う」、「国民の思いに働きかける」、「心を込めて」「国民の安寧と幸せを祈る」など、これらのお言葉に込められている精神ではなかったか——。これらのお言葉は、しかし、皇后さまにも共通する思いを表わしていると思います。

陛下による「理想の象徴天皇」探究の営みが、皇后陛下とのお二人の道中だったことを思えば、これは言うまでもないことですが。

そしていま陛下は、この年齢になられて、天皇における「象徴という立場」「象徴という務め」がいかに重大か、ということを述懐しておられます。

「平成二四年、七九歳のお誕生日会見」から引用します。

「天皇の務めには、日本国憲法によって定められた国事行為のほかに、天皇の『象徴』という立場から見て公的にかかわることがふさわしいと考えられる『象徴的な行為』という務めがあると考えられます」

陛下がここで明言しておられるのは、象徴天皇の象徴天皇たる所以はその「象徴的な行為＝公的行為（公務）」にあるという、この一事です。

天皇の関与する国事行為については、憲法第七条が一〇項目にわたって規定しています。これらはすべて、内閣（政府）が決定し、天皇はただそれをそのまま決裁するだけです。したがって、陛下ご自身がどこかで述べておられますが、国事行為における天皇の役割はロボットのそれです。

天皇が「天皇自身の意思」で決することのできる行為は、「公的行為（公務）」あるのみです。あるのみ、と言っても、唯一無二・最大級の仕事です。日本国憲法の第一条に謳ってあるのですから。「天皇は、日本国の象徴であり日本国民統合の象徴である」と。

象徴であるべく務めよ、と憲法が天皇に命じている、その「象徴する」という「務め」に従事するのが、天皇の仕事だ、ということです。

象徴天皇というのは、国民の事を我が事として思い、念じ、その安寧と幸せを祈る、そのことを我が務めとして一身に体し、その身をもって国民の何たるかを象徴しておられる、そういう人だということです。

〈第二部〉

再思三考する天皇のこと

第一回　「お言葉」を考える

二〇一六年八月八日、今上天皇はビデオメッセージ「象徴としてのお務めについての天皇陛下のお言葉」を発信されました。そして一〇カ月後の二〇一七年六月九日、「天皇退位特例法」（略称）が成立し、その頃から「お言葉」発表一周年を迎えることもあって、関連する論文や書物を世に問う動きが続いてきました。

これらの識者の議論は刺激的で、気づかされたこと、教えられた点が、たくさんありました。この間一年近く「お言葉」の世界に沈潜して学んできたぼくにとって、諸賢のご教示は、ぼく自身の天皇理解に希望を抱かせてくれた、ぼくのなかの天皇の世界をより大きく開いてくれた、そんな気がしています。

なかでも、保阪正康さん、鈴木邦男さん（『天皇陛下の味方です』バジリコ、二〇一七年）、山口輝臣さん（『平成の天皇制とは何か』岩波書店、二〇一七年）、このお三方の論考からは多くのことを学びました。

ここでは、保阪正康さんの『新潮45』（二〇一七年八月号）所収、特集『日本を分断した天皇陛下の「お言葉」一年』のなかの巻頭論文「天皇のご意思は満たされたか」を紹介させてください。

保阪さんは最初に「お言葉」の構成を示したうえで、その冒頭と結語の文言に注意を喚起しています。

冒頭には、「天皇という立場上、現行の皇室制度に具体的に触れることは控えながら、私が【個人として】、これまでに考えて来たことを話したいと思います」とあり、結語は「国民の理解を得られることを、切に願っています」と結ばれています。

保阪さんは、まず最初にこの文章構成を指摘し、この構成こそが「お言葉」の本質を物語っていると言わんばかりに、次のように述べています。

「(「お言葉」は)国民に自らの気持を直接にぶつけて、理解を求めたという意味では、まさに劃期的なことだったのである。ここには『政治』の空間を飛び越えて国民との対話を求める天皇の心理が凝縮しているといってよかった」

言わんとすることは、ひとまず以下のようなことだと思います。

①天皇が国事行為であれ公的行為であれ、天皇という地位(職責)に在る者の務めとして、メッセージを発するのではないということ。

②「明仁」という固有名詞を有する天皇が、「個人として」自分自身の気持ちを自分の肉声でもって国民の皆に伝えたい。いくら天皇であっても許されているはずの「個人の尊厳」の名において訴えたいということ。

③しかし、天皇が天皇であるより前に、個人として、個人の資格において語りたい、との意思を表明することは、それ自体が、天皇の並々ならぬ決意、覚悟を示しているのではないか。

④したがって「お言葉」は、明仁という天皇がご自身の人生において、おそらく体験したことのなかったであろう〝非常事態〟の認識があって、そのもとで考えぬいた末に決断された行動だったのではないか。

等々です。

このたびの「お言葉」は、何の気なしに聞き流していると、コトの重大性に気がつかないままで終わりかねません。事の重大さをわかってもらうには、今回の「お言葉」を、東日本大震災（二〇一一年三月一一日）の際の「東北地方太平洋沖地震に関する天皇陛下の言葉」（三月一六日放映）と並べて読んでもらえば一目瞭然です（二八三頁参照）。

玉音放送（ビデオメッセージ）という点では同じですが、大震災慰問のメッセージは象徴天皇としての公的行為（公のお務め）だったのに対して、今回の「お言葉」は「明仁その人の」、「天皇個人の」

呼びかけであって、まったく次元を異にしている、ということです。

保阪さんは、「お言葉」の理解を深めるために、半世紀以上の歴史をさかのぼり「昭和の時代」に思いをめぐらしながらでありましょう、次のような感慨を漏らしています。

先の引用文の直ぐ後に次の一文が続きます。


「このときから一〇カ月を経ての私の実感は、このスピーチは単に『平成の玉音放送』ではなかったという点と、『平成の人間宣言』ではないか、との二つの点にゆきつく」


それで、以下において、ぼくは、まず「昭和の玉音放送」について見たうえで、そこから「平成の玉音放送」を見るとどんなふうに見えるだろうか——といったことを考えてみたいと思います。

昭和二〇年八月一五日の玉音放送は、朕……爾臣民ニ告ク、と冒頭に置いたうえで、

朕ハ帝国政府ヲシテ米英支蘇四国ニ対シ其ノ共同宣言ヲ受諾セル旨通告セシメタリ

と、ポツダム宣言受諾・全面降伏を宣言しました。玉音の雰囲気を偲ぶには、その中の名文・名文句が役立つかもしれません。たとえば「(戦死者やその遺族)ニ想ヲ致セハ五内タメニ裂ク」(五内＝五臓)、「堪ヘ難キヲ堪ヘ忍ヒ難キヲ忍ヒ以テ萬世ノ為ニ太平ヲ開カムト欲ス」、「爾臣民其レ克ク朕カ

意ヲ体セヨ」などが広く知られています。

帝国憲法下の天皇は神聖天皇（現人神・現御神）ですから、人々に直接語りかけることはありませんでした。口語体で天皇は自分のことを何と言えばよいのか、また国民に向かって何と呼びかければよいのか、一人称も二人称もわかりませんでした。だとすると、口で喋る会話体でなくて、字で書いて読む文章で表現するしかありません。

漢文の訓読体（読み下し文）です。天皇一人称は「朕」、二人称は「爾臣民・爾億兆」（単に億兆のみも可）です。そして、朕は現人神として爾臣民に向かって玉音を発することになっているのですから、玉音の内容は理解されなくてよい、むしろ意味不明なぐらい難解なほうが有難味がある、肝心なのは内容ではなくて調子でなければならない、神妙な口調で読み上げて神様めいた雰囲気を出すべし――そんな魂胆だったと思います。

YouTube を見て驚きました。玉音放送の〝演出〟に、異様なものを感じました。関係者が知恵をしぼった末に行き着いた結果であろうことを思うと、ぼくとしては、悲しいというか辛いというか、曰く言いがたい、複雑な感情に囚われるのでした。実際の放送では、何がどのような順序で行なわれたか、その一部始終を紹介しておきます。

①八月一五日正午の時報

②アナウンサー「只今より重大なる放送があります。全国の聴取者の皆様、ご起立をお願いします」

③下村情報局総裁「天皇陛下におかされましては、全国民に対し、畏くも御自ら大詔を宣らせ給う事になりました。これより謹みて玉音をお送り申します」
④「君が代」奏楽
⑤詔書録音再生
⑥「君が代」奏楽
⑦アナウンサー「謹みて天皇陛下の玉音放送を終わります」

ここで「玉音放送を終わります」と言っておきながら、この直後、同じアナウンサーが同じ詔書を再読します。どうして？　⑤は「神＝天皇」の音声の「録音テープ」を「再生＝放送」したものであり、この部分こそが「玉音」そのものの放送であって、アナウンサーの奉読は「人間による代読」にすぎない、ということかも知れません。

万人周知の、見え見えの虚構ですが、逆に、そうであるからこそ、そこまでしないといけなかったという理屈もなりたちます。

「昭和の玉音放送」というときの「玉音」の主は、人間ではなくて神です。いまだ人間たりえていない、神の発する音声だった、ということです。昭和天皇は、玉音を発する以前、天皇機関説をめぐる騒ぎのあった昭和一〇年（一九三五年）の頃、侍従に明かした本音として、ご自身の口から、次のように語っています。

「本庄武官長が私を神と言うから、私は普通の人間と人体の構造が同じだから神ではない。そういう事を言われては迷惑だと言った」（『独白録』）と。

万人衆知のみならず、本人も承知の上での、見え見えの虚構だったことは、言うまでもありません。

保阪さんはこのたびのビデオメッセージの「お言葉」を、「平成の玉音放送」「平成の人間宣言」と特徴づけています。ぼくの文章は、この特徴づけを〝導きの糸〟としています。

となると、「昭和の玉音放送」「昭和の人間宣言」のことを、あわせて考えないわけにいきません。保阪さん自身が昭和天皇のご事績に関する知識を前提にして、今上天皇の歴史的業績を語っておられるからです。

昭和天皇は一代一身にして、神聖天皇から象徴天皇へと二つの天皇を体験されました。その昭和天皇の子供として育った今上天皇は、皇太子の時代から、天皇とは何か、象徴天皇とは何か、憲法第一条は自分に何を命じているのか、と問い続けて来られました。

一生をかけたその探究の末に出された答えが「お言葉」だったと思うのです。そこには、新たに拓かれた地平が示されています。遥かに臨む地平線へ向かう道には標識が立ててあって、そこには「平成の玉音放送」「平成の人間宣言」と書いてあるのではないでしょうか。

先に「昭和の玉音放送」についてふれておいたのは、「平成の玉音放送」の意義というか、その値打ちがいかほどのものか、はっきりと感じとりたい、というのが趣旨でした。両者はどう違うのか、以下に見ていきたいと思います。

第一は、「朕」と「私」との違いです。

「昭和天皇の玉音放送」の一人称が「朕」、今上天皇のそれは「私」です。周知のように「朕」は、秦の始皇帝以来の皇帝専用の一人称であったものを、古代天皇親政時代の日本が輸入したもので、『日本書紀』編纂の時点ですでに使われていたと伝えられています。日本の天皇は、中国の皇帝の真似をして「朕」と自称していたわけです。

他方、今上天皇は中国の皇帝や日本の神聖天皇のような「統治者」ではありません。国家国民の「統合の象徴」者です。まとめる権力ではなくて、国家ないし国民という〝まとまり〟を現わす（＝現成する）のがその役割です。国民との間は「割符」symbol の関係ですから（一四五頁参照）、支配被支配の上下関係ではありません。国民が「私」であるなら、天皇も「私」であらねば、「割符」にならない、ということです。

第二は、「臣民」と「国民」との違いです。

「昭和の玉音放送」では、「朕」が「臣民」に向かって呼びかけています。「臣民」は servant、身分社会における被支配者、あるいは従者・家来のことです。この言葉は、もともと三人称（彼ら・奴ら・

彼奴ら）として生まれたものと思います。そもそも、servantを二人称で呼ぶ環境がなかったのだから、二人称を何と呼べばよいのかわからなかった、そこで、もともと三人称であったもののアタマに、接頭語よろしく「爾」を付け、「爾臣民」という二人称を造語したのではないでしょうか。この造語によって、「奴ら・彼奴ら」は「お前ら」になるのでしたが。

ところが、「平成の玉音放送」の陛下（私）が見ておられるのは、二人称にしろ三人称にしろ、「国民」です。「国民」は「お言葉」の中で九回使われています。（他に「人々」が五回、この言葉は、例えば「共同体を地道に支える市井の人々」「時として人々の傍らに立ち」のように、社会的背景のもとで個々のTPOを背負った人について語っています）

今上天皇にとって決定的なのは「国民」です。それは、天皇としての在り方を解いてゆく上でのキーとなる概念だからです。この点については詳述してきたところであり、ここでくり返すことはしません。ただ、今上天皇の最強の味方である憲法第一条の全五一字の中に、二回、最重要カテゴリーとしてこの言葉が登場していることだけは、指摘しておきます。すなわち、「天皇は、日本国の象徴であり日本国民統合の象徴であつて、この地位は、主権の存する日本国民の総意に基く」とあるのがそれです。

第三は、「臣民＝億兆」と「国民＝国民皆people everybody」との違いです。

前出の「爾臣民」には「爾億兆」という言い方もあります。こんにちの「一億総活躍社会」と同工異曲で、人を全体の員数としてしか見ていません。つまり、人は数だ、と。ですから、「一君万民」

「一視同仁」となります。一君以外は皆同じ（万民平等）、一君の目から見れば（一視）人は皆同じ（同仁）、一人一人の違いは認めない、関係ない、と。

ところが、今上天皇は国民のもとに出かけて行って、それぞれの現場で直に個々の国民に接しておられます。こういうシチュエーションが前提ですから、陛下の「国民」には「国民のあなた」というニュアンスが感じられます。つまり、国民は二人称として存在しており、だからこそ「国民皆」という呼びかけが自然と出てくるのだと思います。

「皆」はeverybodyです。everyは、意味するところが強い。all（全体）であるだけでなくeach（各々）をも意味します。each and all = everyの感覚で陛下は、「国民」という概念を使っておられるのだと思います。一つのまとまり（all）のなかにも、一人一人みると、被災者あり、戦没者遺族あり、障害者・高齢者・海外日系人もありです。植樹祭や国体の参加者なんかもいて、いろいろ（each）です。「皆違って・皆いい」、それが陛下にとっての「国民」だと思うのです。だとすると、価値観は「少数派の尊重・多様異質価値の共存」、したがって自ずと「民主・自由・公平・平等」ということにならざるをえません。

次に、保阪さんのご指摘に拠る「お言葉」の二つの劃期的意義（「平成の玉音放送」「平成の人間宣言」）のうち、残りの一つ「平成の人間宣言」について見ていきたいと思います。最初は「昭和の人間宣言」について知識を整理して……と思っていて、実際にもそういうつもりで書いてきたのでしたが、この考えを変えます。いきなり、保阪さんの考えを紹介します。

とはいえ、「平成の人間宣言」の劃期的意義に関する保阪さんの言説は、すでに紹介したところです。今上天皇は「個人として」「国民に自らの気持を直接にぶつけて、理解を求め」ました――この事実がいかに大変なことであるか、との指摘でした。ぼくもこの事柄自体についてまったく同じ感慨を抱いており、その観点からぼくなりの考えを述べたところでした。では、その上に加えて、何を言いたいのか、ということです。

保阪さんの考えだと、「平成の人間宣言」の劃期的意義はそれだけでは尽くされない、ということなのですね。彼は「あえてもう一点つけ加えておきたい」との一文を前に置いた後に、「お言葉」の中の次の一節を引用しているのでした。

今上天皇はこう述べておられます。

「①天皇が象徴であると共に、国民統合の象徴としての役割を果たすためには、②天皇が国民に、天皇という象徴の立場への理解を求めると共に、③天皇もまた、自らのありように深く心し、国民に対する理解を深め、常に国民と共にある自覚を自らの内に育てる必要を感じて来ました」

ぼくなりの分析を先ず示します――。

①天皇は憲法第一条の「象徴天皇の規定」に従って、その役割を果たさなければならない。その際

天皇は、
②国民に対して天皇の立場に対する理解（＝「国民の天皇理解」）を求める。
③と同時に、自分自身、国民に対する理解と自覚（＝「天皇の国民理解」）を深める必要がある。そういうことだと思います。

その場合、
①は「天皇の役割」が象徴のそれであることの確認です。その役割を十全に果たすには、
②「国民の天皇理解」と同時にまた
③「天皇の国民理解」も大切だ、同じことですが、②だけでなく③も大切だ、という内容です。

この構文の場合、②は当たり前の常識・大前提と目されており、③にこそ力点が置かれるのが一般だと思います。

陛下としては、ご自身が③の主体ですから、③を強調しなければなりません。そして②については、国民の守備範囲であり、しかも憲法第一条が主権者国民の天皇に対する責任（＝総意に基づいて天皇をその地位に就けて象徴の務めを負わせていることの責任）を規定している以上、その責めを負ってもらわなければならない、とのお考えだと思います。

もちろんそれは理論上の話であって、国民の現状からすると、なかなか難しい、思うに任せない、先行きのことを考えると悩ましい、心配になる、なんとかしないといけないのだが……といったところが、陛下の正直な気持ちかと思います。ぼくは「お言葉」に学ぶ日々、この点に気がつきませ

んでした。

保阪さんは、この微妙な点について「あえて」ひと言指摘しておられるのだと思います。上記の「お言葉」の引用の直ぐあとを、保阪さん自身の言葉が追いかけています。


「象徴天皇としての自らの歩みについて、国民の側もどのように考えているのか、その声を聞くための回路をつくりたいと呼びかけているようにも思えるのである。ありていにいうならば、もっと国民の声を私に聞かせてくださいと訴えているといっていいであろう」


陛下は「国民あっての天皇」であることを、理論的にも実践的にも、身に沁みて承知しておられます。この一点において、国民はどうなのか、「天皇あっての国民」だということがわかっているのだろうか。

保阪さんは陛下に成り代って訴えています。「もっと国民の声を私にも聞かせてください」「その声を聞くための回路をつくりたい」と。

「回路」とは、陛下と国民の、相互の思いが循環する道筋のことです。天皇の祈りと国民の思い――その双方が通い合い、巡り巡る「回路」を「つくる」ことが、ぼくらの焦眉のテーマなのではないか、と保阪さんは問いかけているように思えてなりません。

これまで何十年もかかって務めて来られたおかげで、「国民を思う天皇の祈りの道」は敷設されて来ました。ただ、国民の側から道を切り開いて来たかどうか？　この道を通れるようにしないと、片道切符 oneway ticket になってしまいます。往復切符が是非とも必要です。往復切符のことをイギリスの英語では return ticket と言いますが、アメリカでは round-trip ticket と言うのだそうです。面白いなと思いました。

天皇と国民の間に「回路」が通じ、ぼくの言葉で言えば、両者が本当に「割符」の関係になるときにこそ初めて、ぼくらのこの国は、自由と民主の風のなかで、遍く行き渡る公平の喜びを体験することができるのではないか、と思うのです。

陛下のこのたびの「お言葉」は、このことの真実を予感するなかで語られたのではないでしょうか。「平成の人間革命」という保阪さんのネーミングに、ぼくは、未来を先取りする革命的楽観主義を感じます、そうありたい、思いたいということです。

第二回　「玉音放送」から「人間宣言」へ

前回、「お言葉」について考えるなかで、保阪正康さんの「天皇のご意思は満たされたか」（『新潮45』二〇一七年八月号）を取り上げました。書いていたそのときから、もう少し踏み込んで書きたいと思ったことがありました。ただ、それを書きだすと、そのとき書こうとしていた内容からどんどん外れて遠くへ行ってしまいそうな気がして、書くのを断念したのでした。前回の補足になりますが、その断念していたことを今回、書きます。

「お言葉」から一〇カ月の時を経た上記論文執筆の時点で保阪さんは、このスピーチは「平成の人間宣言」ではないかと思った、それが実感だった、という意味のことを述懐しておられます。この表現のもとになっているのは、もちろん「昭和の人間宣言」です。

ということは、保阪さんに成り代っていうと、今上天皇のこの度の「お言葉」は、歴史を画した、かの「人間宣言」の平成版とさえ言ってよいほどのスピーチだったのではないか——ということです。「お言葉」の歴史的意義は、昭和天皇の「人間宣言」のそれになぞらえることができるくらい、それほど重いのではないか——保阪さんの評価はそういうことだと思います。

このように昭和天皇の「人間宣言」を引き合いに出した以上、保阪さんとしては、もともとの「人間宣言」について一言あって然るべき、と思われたのかどうか、「平成の人間宣言」を論ずるに際して、「昭和天皇の人間宣言」について言及されています。以下の通りです。

「昭和天皇の「人間宣言」（正確には昭和二一年一月一日に発せられた「新日本建設ニ関スル詔書」）では、天皇と国民の紐帯は、〈天皇を神とする考え〉で結ばれているのではないと否定した形になっている。

確かに「人間宣言」といっても、今さら天皇が人間であり神ではないと宣言したわけではなかった」

保阪さんのこの指摘が何を意味するのか、ぼくにはなかなか呑み込めませんでした。肯定があり、否定があり、否定の否定があり……ですから、自分の頭の中で筋道がごちゃごちゃになって、どうやっても得心がいかないのでした。それも当然です、ぼくは「人間宣言」について、そういう歴史上の事実があったとの知識があるだけで、当の「宣言」が何をどういう意味合いで宣言したものなのかとか、どのような時代的背景のもとでの宣言であったのかとか、そういう知識は何も持ち合わせていなかったのですから。

想い起こすのは、前回、論じた「玉音放送」の有り様です。本当は人間であるのに偽って神であるかのように見せかけるために、随分と手の込んだ〝偽装工作〟がなされたという事実です。その手順は以下の通りでした。

①昭和天皇に「宣言」を朗読してもらう
②その声を〝神の声〟に擬して録音し録音盤を作成する
③そのレコードを再生し放送する
④その直後に同じ宣言文をアナウンサーに再読させ放送する
⑤この二度目の放送は最初の放送が〝神の声〟であったことを跡づけるかのように為されている

等々。ここまでは、すでに別のところで論じたことの復習です。


違うのはここからです。

これほどまでの無理を押して、いったい玉音放送は何を伝えたかったのでしょうか。

ポツダム宣言の受諾を決意し、受諾の旨を連合国に申入れたのは、天皇です。その上で、国内向け放送でもって「終戦」を宣言したのも天皇です。「その天皇が今以って神である」ということ。

玉音放送が伝えたかったことは、この一事に尽きるのではないでしょうか。

すなわち、天皇による「ポツダム宣言の受諾＝終戦の宣言」は〝神の声〟である、別言すれば、「現人神《あらひとがみ》」という神格において、あるいは「現御神《あきつかみ》」という地位に在る者として、発しているのだ、という主張です。

これをさらに言うと、敗北の事実を受け容れざるを得ない、その時点に立ち至ってもなお、日本は元首を神であるとし、天皇の神格を――いわゆる「国体護持」を主張して譲らなかったということではないでしょうか。

その玉音放送があって半月経った八月三〇日、マッカーサーが厚木基地に降り立ちます。三日後の九月二日、マッカーサーを最高司令官とするGHQは、米艦ミズーリ号の艦上にて日本降伏文書の調印式をとり行なって正式に日本を占領するや、矢継ぎ早に統治政策を繰り出していくのでした。

なかでも重要なのが、玉音放送からちょうど四カ月後の一二月一五日に出された「神道指令」です。これによってGHQは、国家神道の禁止（＝国家と神道の分離）を命令したのでしたが、その際、天皇が自から神格否定の意志を表明するようにと要求することも忘れませんでした。即ち、神聖天皇に対する〝自己批判要求〟です。

彼らの言いたいことは、有り体に言えばこういうことだったと思います。――この国はGHQの占領下にあって、最高司令官マッカーサーが統治している、〝現人神〟天皇はもはや存在しない、ないものをあるかのように偽装するのは止めてもらわなければならない、早い話、天皇は神ではなくて人間である、と国の内外に向けて宣言してもらわなければならない、というふうなことだったと。マッカーサーは日本の土を踏む前から、GHQによる日本支配の方針を決めていました。直接統治方式を避けて、天皇制利用による間接統治に拠るということを、彼はあらかじめ決断していました。天皇制を利用するためには、諸外国の天皇退位要求ないし天皇訴追要求を和らげ、最終的には斥けて、天皇制を守らなければなりません。諸外国の攻勢を阻むには、天皇自身の劇的変容を演出するに如くはない、ということでした。

天皇自らが、神であることをやめて人間であることを宣言する、「神格否定宣言＝人間宣言」を世界に向けて発信する——これがGHQのアイデアでした。

このようなGHQの意向（要請）に天皇の同意を得て生まれたのが、一九四六年正月元旦の「人間宣言」だった、と察せられます。

そもそも皇室の元旦は宮中祭祀の行事があるため、慣例として詔勅を出すというふうなことはなかったらしい。それもあってか、この詔勅には正式な「題名」がなく、それに準ずる「件名」があるのみだと言います。その件名も冗長で使い勝手が悪すぎるということがあったのかどうか、国立公文書館がこの詔書を短く「新日本建設ニ関スル詔書」とタイトルをつけて所蔵しているそうです。

ときは敗戦直後、日本は全都市・全産業が全面的に破壊され、国民は塗炭の苦しみに陥っています。国民に向かって何かを言うとしたら、国民を鼓舞する檄文以外の、いったい何が考えられたでしょうか。
実際に、「詔勅（宣言）」の構成はそうなっています。
冒頭の「五箇条之御誓文」の直ぐ後の長いセンテンスのなかに、まず「……官民挙ゲテ平和主義ニ徹シ、新日本ヲ建設スベシ」とあります。
そして後半の二センテンスは、こう述べています。

「朕ノ政府ハ国民ノ試練ト苦難トヲ緩和センガ為、アラユル施策ト経営トニ万全ノ方途ヲ講ズベシ」「同時ニ朕ハ我国民ガ時艱ニ蹶起シ、当面ノ困苦克服ノ為ニ、又産業及文運振興ノ為ニ勇往センコトヲ希念ス」

これを敷衍する短いセンテンス二つを置いて、結語は次の文言で結ばれています。曰く。

「一年ノ計ハ年頭ニ在リ。朕ハ朕ノ信頼スル国民ガ朕ト其ノ心ヲ一ニシテ自ラ奮ヒ、自ラ励マシ、以テ此ノ大業ヲ成就センコトヲ庶幾《こいねご》フ。御名御爾」

しかし、GHQの要請はあくまでも「人間宣言」です。天皇もその周辺も、困惑したでしょう。此の期に及んで、いったい何の話か、と。なぜなら、もともと天皇は、正式に事改めて「朕は神であるぞよ」と宣言したわけではないからです。したがって、事改めて「神ではないぞ、人間であるぞ」と宣言する動機がありません。また、この国の人間にしても、天皇が人間であることは当たり前で、何を今さら「人間であるぞよ」なんて噴飯モノです。だからでしょう、当時の新聞に「人間宣言」という文言はありません。

にもかかわらず、占領下の日本の支配者はGHQですから、その要請――その意には従わなければなりませんでした。

で、日本側はどのように対処したのか？ 詳細は避けますが、天皇は、彼らの要求のままに、（GHQの眼差しを強く意識しながら）国内向けの現御神（＝この世に生きている神）の否定に便乗しつつ、同時にGHQに対して、天皇は、いわゆる西洋的な（王権神授説的な）Godではないと弁解して切る抜けようと考えた産物が「人間宣言」だったと思います。

第三回 「明仁天皇という運命」について

前回、「昭和天皇の人間宣言」をについて考えました。昭和天皇は一九〇一年に生まれて一九八九年に崩御されるまでの、おおよそ九〇年のあいだ、ほぼ半分を帝国憲法のもとで神聖天皇（皇太子）として、残りの半分を日本国憲法のもとで象徴天皇として過ごされました。戦争の時代と平和の時代が半々です。文字通り波瀾万丈の人生でした。昭和天皇については本腰を入れてかかる必要があり、機会を改めざるをえません。

ただ、明仁天皇のことを考えていくうえで、必要最低限の歴史的事実は踏まえておかなければいけないわけで、そのコンテクストのなかで「玉音放送」「人間宣言」についてみてきたのでした。

それにしても「明仁天皇という運命」という今回のタイトルにつけたイメージからすると、もう少し昭和天皇についての事実を見たうえで、明仁皇太子の直面した事実に立ち向かいたい気がします。とくにＧＨＱマッカーサーがどう動いたか――これが問題の核心です。

一九四六年一月一日の『宣言』の後の四月二九日、ＧＨＱはＡ級戦犯二八人を極東国際軍事裁判所に起訴します。天皇訴追の強硬な主張があるなか、天皇は訴追を免れます。日です。この日は天皇誕生日ですから、これに勝るバースデイ・プレゼントはありません。日を置かず五月三日には裁判が開始されますが、同年六月一八日には、主席検察官ジョセフ・キーナンがワシントンにて、天皇を裁判せずと言明、ここに天皇の免責が決定します。

これは、しかし、敗戦直後の一九四五年九月六日、連合国総司令部GHQ最高司令官マッカーサーに対して米国大統領が発した「降伏後における米国の初期の対日方針」に基づくものでした。日本の占領管理は間接統治方式でいく――つまり、主権はGHQが握った上で、天皇とその統治機構を温存しつつ、それを利用し操作することで日本を間接的に統治する、というやり方――これが、彼らの当初からの方針です（ドイツは米・英・ソ・仏による分割占領・直接統治方式でしたが）。

したがって、彼らが天皇の戦争責任を不問に付したのは、温情でもなんでもなく、日本統治政策の筋書きに拠るものです。マッカーサーは、日本国における実質上の最高の権威ではあっても、その事実を表立って言明したのでは間接統治が成り立たない、だから天皇の権威を形だけのものにするしかありません。現人神・現御神だとか神聖天皇だとか元首だとか言うのは、やめさせなければならない、ということです。

そのためにどうするか。まず「神道指令」（一九四五年一二月一五日）です。その骨子は、

①国家と神道を分離し

②皇室祭祀を天皇家の「私的な」神事とする
③天皇と言えども日本の伝統的信仰（祖神天照大神信仰・先祖信仰・天神地祇信仰）の範疇に属する

等々です。

これを踏まえＧＨＱは、天皇をして、言わずもがなのことを、改まった形で、とくに世界に向かって宣言させます。裕仁天皇は「普通の日本人と同じ人間」なのだ、と。前回の「人間宣言」（一九四六年一月一日）が、これです。

雲の上の天皇を地上に降ろして国民と同じ地平に立たせる、天皇を国民と相通じる存在として見る、国民と共にある存在としての天皇ということ。――これは、ＧＨＱ米国の初期対日統治方針の然らしむるところだと言えましょう。

この思想なくして「日本国憲法」の誕生はありえなかったでしょう。ＧＨＱ米国は、日本国憲法第一条までまっしぐら一直線に進んだということです。上述のように、キーナンによる天皇免罪言明が四六年五月三日、日本国憲法公布が同年一一月三日ですから、その間、わずか半年、ほんの一跨ぎです。

ここでまた日本国憲法第一条を示します。上述の歴史的事実を念頭に味読してほしいです。また同時に、象徴とは割符のことだ、というぼくの指摘もちょっと思い起こしてもらうと有難いです。

では、第一条です。

「天皇は、日本国の象徴であり日本国民統合の象徴であつて、この地位は、主権の存する日本国民の総意に基く。」

明仁天皇は「八〇歳のお誕生日会見」（平成二五年一二月一八日）の場で、これら敗戦直後一年余りを回顧し、次のように述懐しておられます。

「八〇年の道のりを振り返って、やはりもっとも印象に残っているのは先の戦争のことです。（中略）戦後、連合国軍の占領下にあった日本は、平和と民主主義を、守るべき大切なものとして、日本国憲法を作り、様々な改革を行なって、今日の日本を築きました。戦争で荒廃した国土を立て直し、かつ改善していくために当時の我が国の人々の払った努力に対し、深い感謝の気持ちを抱いています。また、当時の知日派の米国人の協力も忘れてはならないことと思います」

陛下は、八〇年の人生を振り返って最も印象深いのは先の戦争のことだとし、敗戦直後占領下の記憶を喚起するよう促しておられます。具体的には「平和と民主主義」の「日本国憲法」、「当時の我が国の人々の払った努力」を挙げ、「当時の知日派の米国人の協力も忘れてはならない」と述べておられます。要するに、自分の中で大事なのは憲法と国民だ、と。また当時のいきさつからして、GHQのなかの米国人理想主義者には恩がある、とも。

ここまでは良かったのだ、と。これから先はぼくら国民自身の問題なのだ、と。原則的にはその通りでしょうが、事柄は「敗戦直後の日本」という枠ではとらえられない事態となります。「戦後世界の構造」が根底から覆えろうとしていたのです。年代記を見ておきます。

①日本国憲法の公布より四カ月ほど前の、一九四六年七月一二日、国府軍五〇万攻撃開始、中国全面的内戦へ突入

というのが前触れで、その後は以下の通りです。

②四七年三月一二日　トルーマン大統領、トルーマンドクトリン（共産主義封じ込め政策）
③同年七月七日　中共、民主連合政府、土地改革実施を発表
④同年一〇月五日　コミンフォルム設立、戦後秩序における東側陣営誕生、冷戦体制へ
⑤一九四八年一月六日　ロイヤル米陸軍長官「日本を反共の防波堤に」と演説、米国の戦略転換（日本を非軍事化から再武装へ）

先の戦争の悪夢がいまだ覚めやらぬというのに、世界は日本を巻き込みつつ、またしても戦乱の巷へと再突入していくのでした。そんな中、一九四八年一一月一二日、極東国際軍事裁判所は、（四六年四月二九日に起訴されていた二八人のうち死者二名・精神病者一名を除く）A級戦犯二五名について有罪判決を下しました。死刑が七名、終身禁固刑が一六名、有期刑が二名でした。

美智子皇后は当時、一四歳の少女でしたが、この有罪判決を伝えるラジオ放送を聴いて、「強い恐怖」を感じたと、そのときのお気持ちを述べておられます。

「私は、いまも終戦後のある日、ラジオを通し、A級戦犯に対する判決の言い渡しを聞いたときの強い恐怖を忘れることができません。まだ中学生で、戦争から敗戦にいたる事情や経緯につき、知るところは少なく、したがってそのときの感情は、戦犯個人個人への憎しみなどあろうはずはなく、おそらくは国と国民という、個人を越えたところのものに責任を負う立場があるということに対する、身の震うような怖れであったのだと思います」

美智子皇后のこの述懐は傘寿（八〇歳）のお誕生日会見文書回答におけるものですから、六六年もの歳月を経て今なお生々しく、そのときの恐怖の体験を語っておられる、ということです。A級戦犯七名の死刑判決は一四歳の少女に対して、そののち何十年経っても消え去ることのない恐怖を与えました。その歳月の間、折に触れ、彼女はそのときの衝撃を想いだします。胸中に秘めた思いを目の前に置いて、くりかえし見つめます。

当初感じた「強い恐怖」は、そのあいだに自ずと深まり、疑う余地のない真実へと至るのでした。A級戦犯に対する判決が告知しているのは、「おそらくは国と国民という、個人を越えたところのものに責任を負う立場があるということ」に違いない、と。

そして、処刑される七名の戦犯は、それぞれが戦争責任を一身に背負って、国と国民のために、国と国民の身代わりとして、死んでゆくのだ――そう思うと、「身の震うような怖れ」で胸が張り裂けそうになる、とおっしゃっているのではないでしょうか。

この点で美智子さまにとって決定的な意味を持ったのは、A級戦犯判決言い渡しの日から一カ月余り後の昭和二三年（一九四八年）一二月二三日に七名の死刑が執行されたことです。

この日は、ほかならぬ明仁皇太子の誕生日だったからです。

米国があえてこの日を選んで死刑を執行したことに、疑問の余地はありません。なぜ、この日でなければならなかったのか。「天皇の国である日本」に対する米国の基本的考え方を知らしめるには、この日以外にはない……彼らはそう考えたのでしょう。

その際、彼らが言いたいことの眼目は次の三つです。

①過ぐる年の天皇誕生日を選んでA級戦犯を起訴した際に、あえて天皇を訴追しなかったのは、米

国GHQの日本間接統治戦略に基づくものであった、ということ。
②この天皇不起訴の措置について、米国GHQが天皇制を許しているかのように誤解する向きがあるが、米国は日本の天皇を決して許していない、ということ。
③A級戦犯処刑の日として皇太子の誕生日を選んだのは、米国の日本統治戦略が不変不動であることを内外に向かって闡明するためである、早い話、A級戦犯のみならず天皇そのものについても、生殺与奪の権は米国の掌中にあることを知らしめる、ということ。

その日、明仁皇太子がどれだけの思いをされたか、それを思いやればこその美智子皇后さまの上述の思いの丈となるのでありましょう、思いはいかばかりであったか、と。

矢部宏治さんは『戦争をしない国〜明仁天皇メッセージ』（小学館）のなかで、次のように述べています。


「なぜ美智子皇后は、おめでたいはずの傘寿（八〇歳）の誕生日に、こうした『A級戦犯に対する判決の言い渡し』や、中学生だった自分がそれを聞いたときの『体が震えるような怖れ』について、あえてふれなければならなかったのか。

おそらくそれは、その直後に明仁皇太子が味わった正真正銘の恐怖と衝撃に、遠く思いをはせてのことだったのでしょう。その重荷をおふたりは半世紀以上にわたって、ひそかに共有されてきたのだと思います」

さらに矢部宏治さんは、皇太子殿下の誕生日を狙い打つかたちで戦犯の処刑を執行した米ＧＨＱの意図について、またこの歴史的事実の意義について、次のように述べています。

「そこには、あきらかに占領軍のメッセージがこめられていました。

『この裁判と処刑が何を意味するか、天皇とその後継者である皇太子は、絶対に忘れてはならない』

七人が処刑された一九四八年には、すでにドイツをはじめ、イタリア、ハンガリー、ブルガリア、ルーマニアなど、ヨーロッパの敗戦国（枢軸国）の王室はすべて廃止されていました。

日本だけ王室が残されたことの意味を、自分はどう考えればよいのか。

おそらく明仁天皇は、その後、自分の誕生日を爽やかな気持ちで迎えられたことは一度もなかったでしょう。それはひとりの中学生が背負わされるには、余りに重い精神的な十字架でした」

七名のＡ級戦犯の命日が、明仁皇太子・明仁天皇の誕生日なのです。つまり、誕生日は忌み日です。戦犯とはいえ、国のため・国民のために身代わりになって七名が殺された日に、祝い事をすることが出来るでしょうか。陛下は皇太子の時代から毎年欠かさず、お誕生日記者会見を開いてこられましたが、一二月二三日は、一度も開かれたことがありません。だいたい一七日から二一日までの間に予定を組んでおられます。この国の戦争と戦争犯罪は、どこまでも追いかけてくるのでした。思わず「明仁天皇という運命」と書かせてしまうほどのものがある……それを感じさせるのが今上天皇です。天皇になってその務めに命を捧げなければならないとの決意には、子供の頃から終始一貫、確乎として動かしがたいものがあったと伝えられています。それらのなかから幾つかを以下に示します。

●一九四五年八月一五日、一一歳の作文。「いまの日本はどん底です。どんなに苦しくなっても、このどん底からはい上がらなければなりません。つぎの世を背負って新日本建設に進まなければなりません。それもみな、私の双肩にかかっているのです」（途中省略）

●一九四九年四月、戦犯処刑からわずか四カ月後、一五歳の春、ヴァイニング夫人から、将来何になりたいかと尋ねられたときの明仁親王の答え。I shall be the Emperor.

●一九五八年、二四歳、結婚前の美智子さんへの電話で。「私はこの日本を復興し、国民を幸せにしなければいけない。それが務めです」

●一九九四年、六〇歳、米国ご訪問事前招待記者からの質問に対する文書回答。「私はこの運命を受け入れ、象徴としての望ましい在り方を常に求めていくよう努めています。したがって、皇位以外の人生や皇位にあっては享受できない自由は望んでいません」

明仁というお人は、幼少年の頃からずっと両親から隔離された東宮御所の中で、傅育官という名の役人たちに包囲されて育ちました。四六時中、他人の目から解放されることはなく、だからこそ孤独でした。親も兄弟姉妹もない、家庭がない、ないと言って言い過ぎでない、冷たい、厳しい、苛酷な環境です。それらの事と次第を知るとき、だれもが感嘆の声をあげざるを得ません。よくぞここまで、と。

陛下は少年の頃から、あるべき「理想の天皇」の在り方を求め、それへと至る道を歩み続けてこられました。その途上、正田美智子さんと出会われました。それは運命を決する出会いだったと思います。

運命的・決定的とは、どういうことでしょうか。もし仮に、この出会いがなかったとしたら……と、あったことをなかったことにして思いをめぐらせてみましょう。陛下は、ぼくらが今此処に見聞きして知っている陛下ではなくて、別の陛下になっておられるのではないかという気がいたします。良い悪いではありません。とどのつまり、明仁天皇が身に体しておられる「理想の天皇」は、正田美智子さん・美智子皇太子妃・美智子皇后がおられてこその、つまり彼と彼女とが思いを寄せあい、共に力を合わせて、創造し成就した作品なのではないか、ということです。

おふたりのそもそものはじまりは明仁皇太子のプロポーズでしたが、それを受け入れた正田美智子さんは、どのような気持ちでおられたのか？　元皇居護衛官の上原隆義氏は、皇后さまが結婚前に陛下からお受け取りになった電話の内容について、またそれを受けたときのご自身のお気持ちについて、こんなふうに明かされたそうです。（山本雅人『天皇の本心』新潮社）

「私に天皇陛下は電話でこうおっしゃいました。『戦後十余年を経て、やっと日本に復興の兆しが見えてきました。私はこの日本を復興し、国民を幸せにしなければいけない。それが務めです。（中略）ぜひあなたのお力を借りたい。』」

美智子さまはそのときどんな気持ちで、どのようにご返事されたのか？

「私は、そのとき『お若いのに、なんと重い荷物を背負って人生を歩まれるお方であろう』と思いました。そして『私にできることなら、お手伝いさせて頂きます』と」（天皇陛下ご誕生八〇年、元皇居護衛官が語る素顔の両陛下）。

結婚に至る前のご交際の頃から、美智子さまは、直感的に感じておられたのでしょう——未来の夫になる人は「重い荷物を背負って人生を歩まれるお方であろう」と。これまでもそうであったように、これからもそういう人生を歩んでいかれるのであろう、と。陛下の人生を見守る美智子さまの眼差しは、この第一印象のままで、終世、揺らぐことはありませんでした。二つ挙げます。

●平成七年「皇后陛下お誕生日会見文書回答」から。

「人の一生と同じく、国の歴史にも喜びの時、苦しみの時があり、そのいずれの時にも国民とともにあることが、陛下の御旨であると思います。陛下が、こうした起伏のある国の過去と現在をお身に負われ、象徴としての日々を生きていらっしゃること、その日々の中で、絶えずご自身の在り方を顧みられつつ、国民の叡智がよき判断を下し、国民の意志がよきことを志向するように祈り続けていらっしゃることが、皇室存在の意義、役割を示しているのではないかと考えます」

●平成一〇年「ご即位一〇年の天皇誕生日にあたり月次歌会に詠進された御歌」から。

お題「うららか」

「ことなべて御身ひとつに負ひ給ひうらら陽《び》のなか何思《なにおぼ》すらむ」

僭越ながら、皇后様のお気持ちを推し測るとこんな具合でしょうか。——あれもこれもすべてを一身に背負っておられる我が君は、うららかな陽の光のなかに身を置いて、何を思っておられるのでしょうか。……といったふうな。

明仁皇太子とめぐり会い行き来をするようになった頃から、正田美智子さんは、重い荷を背に負った皇太子さまが、ただ一人、寄る辺のない孤独のなかを歩いておられる、そのお姿が見えるようなお気持ちになられたのではないでしょうか。その一人立つ者の寂しさが自分の身に沁みるように伝わってくるのを感じられたのだと思います。

正田美智子さんは、一九五八年――ご結婚の前年です――「聖心世界同窓会」第一回世界会議（ベルギー）に日本代表として出席するために、ヨーロッパへと旅立たれます。そのとき友人に宛てた手紙のなかで、次のように心の内を明かしておられます。そのくだりを紹介します。

「ご家庭なしでいままであそばしていらした東宮さまのいろいろなお話、そして、そんなにも家庭がほしかったということをうかがいますと本当にうかがった時だけでなく、一人で思い出す時もいつも涙が出て仕方がございません。『家庭を持つまでは絶対に死んではいけないと思いました』とお話しくださったとき、私はいままでの自分の見聞の中にも、読みました小説の中にもこんな寂しい言葉はなかったと思いました。そして、その中を二五年間もけなげにお歩きになっていらした東宮さまのために乏しい力の全部をあげて暖かいホームを作ろうと決心しました。」（渡辺みどり『美智子さまの38のいい話』朝日新聞出版）。

独り善がりの想像ですが、明仁皇太子にとって正田美智子という女性は、（ヴァイニング夫人や小泉信三なんかと話しあった）花嫁候補の三条件――美人であること、聡明であること、ユーモアを解して明るいこと――をすべて備えていただけでなく、言うに言われぬ魅力があったのだと思います。

直向《ひたむ》きな・切々たるものをたたえた目許に表情があります。彼女は輝く目の持ち主です。それでいて、相手の全部をそっくりそのまま受け入れて守ってくれるような大きさというか、どこか安心を与えてくれるような心の広さというか、おおらかさというか、そういう天性の美質を感じないではいられません。明仁皇太子にとって正田美智子さんは、今から思うと、出会うべくして出会い、結ばれるべくして結ばれた、運命の女性であり、余人をもって代えること能わざる存在だったということ――このことが、いまや誰の目にも明らかになっているという。そういうことではないでしょうか。

第四回　水俣の語り部を訪ねて

両陛下は、これまでできるだけ機会をとらえるようにして、福祉施設や災害被災地を訪ねてこられました。苦しみと悲しみの日々を余儀なくされている人びとに心を寄せ、祈りを共にしたいとの思いからのことでした。

平成二五（二〇一三）年一〇月二七日、両陛下は水俣病被災地の「水俣病資料館」に「水俣病語り部の会」の皆様を訪ねておられます。「全国豊かな海づくり大会」（於・熊本県一〇月二八日）出席の機会を生かしての訪問でした。語り部の皆様と会って、思いの丈を語ってもらい、交流し、慰問するのが目的でした。その集いは、どこでどのようにして芽生え、動きだしたのか。またそこでは、どういうことが語られたのか。いったい何が起ったのでしょうか。

これらのことについて紹介し論じてゆきたいと思います。拠り所とするのは、高山文彦著『ふたり――皇后美智子と石牟礼道子』（講談社）です。

「水俣病語り部の会」は、水俣市の「語り部制度」により、平成六年一〇月に結成されました（メンバーは一一名）。会長は緒方正実さんです。この緒方さんが、この度の両陛下による水俣訪問を実現させたキーマンです。そのあたりの事情を知ってもらうために、緒方さんについて少し詳しく書きます。

緒方さんは、祖父の福松さんを急性劇症型水俣病で失い、妹のひとみさんも重度の障害を背負って生まれ胎児性水俣病を宣告されたのでした。お父さんは水俣病の認定申請を準備している最中に、急死しておられます。緒方家親族全体では二〇名ほどが水俣病の患者として認定されています。

当の緒方さん自身も、手足のしびれなどメチル水銀中毒の症状を抱えておられました。しかし、自分が水俣病であると認めてしまったら、その瞬間から人としての幸せのすべてが消えてなくなるのが現実であってみれば、水俣病ではないと言い張るしかありません。隠す、偽る、逃げるしかない。しかし、水俣病から逃げ切れるものではありませんでした。

三八年間自他を欺いてきた末に、緒方さんはようやく、政府に対して、水俣病の認定申請を申し入れます。二度門前払いを喰らったところで、助け船を出してくれたのが――あの伝説の――川本輝夫さん（後述）だったと言います。行政の審査及び処分について不服を申し立てて、認定申請を繰り返す戦法です。川本さんは助言だけではありません。県庁にも一緒に乗り込んでくれたのです。

緒方さんは、両陛下への語りのなかで、こう述べています。


「私は一〇年間、何度も棄却されながらも、ひたすら国、熊本県行政に助けを求める意味で被害に遭った事実を訴えながら、認定申請を四回繰り返しました。そして二〇〇七年、二二六六番目の水俣病患者認定を受けました」

川本輝夫さんは、平成一一（一九九九年）二月一八日、肝臓癌のため享年六七歳にて亡くなっていますから、緒方さんの勝利を知ることはできませんでした。そういう事情も手伝って余計に、緒方さんの、川本さんへの報恩の気持ちは、尽きせぬものとなったのではないでしょうか。

川本輝夫さんのことで緒方さんが忘れられないのは、それだけではありません。川本さんは一枚の書状でもって「天皇」を「水俣病」へと引き寄せ・結びつけようとしたのでした。戦いの来し方を顧みるとき緒方さんには、それを書いた川本さんの気持ちが痛いほどわかると言います。

一枚の書状とは、「水俣市議会議員・公害対策特別委員会委員　川本輝夫」から「天皇陛下　明仁殿」に宛てた「請願書」です。書状発行日は平成二年九月二六日（この日は水俣病が公害病として認定された日）です。誓願内容は二つ、「一、添付資料一の実現方について、政府に対し人道上、人権上の問題として御提言をしていただくこと」「二、天皇の御名代として、水俣病発生地域の実情視察に皇太子あるいは、秋篠宮か常陸宮にお出でいただくこと」、とあります。川本さんがお願いしていることは、要するにこういうことです。

〝水俣のこの土地に来ていただきたいのです、わしらが実際にどのようにして生きながらえてきて、どうやって死んでゆくか、見てほしいのです、陛下直々にというのは畏れ多くて申し上げられませんが、せめてもの話、御名代を立ててでも水俣に来ていただけないでしょうか〟

と。

これは、実際には日の目を見ることができなかった、いわゆる〝幻の請願書〟です。ですが、両陛下の中にもしっかり記憶されていたのかもしれません。高山文彦氏は上掲書において、「患者の一人によってひそかに請願書が書かれ、ついに提出されなかったということを、お二人は報道などで知っておられたに違いない」とまで書き、川本「請願書」の実物写真（朝日新聞提供）まで提示しているのですから。両陛下は川本輝夫さんの訴えを承知しておられたかもしれません。思いは届いており、そういう事情も含めて、両陛下はこのたび水俣を訪ねてくださったのかもしれません。ふとそんな気がしたりするのでした。

それはともかく、これを書いた川本さんの必死の願いは、緒方さんのなかで間違いなく生き続けていたのでした。そのことを明かすエピソードがあります。高山氏の上掲書の当該部分をぼくなりに要約し、紹介します。

――二〇一二（平成二四）年一月三一日、水俣病患者と家族で構成される「語り部の会」一行は、沖縄にあって、ひめゆり平和祈念資料館、沖縄平和祈念堂、対馬丸記念館などをめぐり、慰霊と講話の旅を続けていました。その途上、平和祈念堂でのこと、祈念堂の県職員が、一行を「特別な部屋」に案内してくれるというのです。部屋は、十脚ほどの椅子が並べてあって、その前に対座するように二つの椅子が置いてある、ただそれだけの部屋です。

この部屋のどこが特別なのだろうか？　……不審に思っていた矢先、「天皇皇后両陛下と、そのご一族をお迎えする部屋です」と教えられます。一瞬「!」という感じだったのではないでしょうか、ハトが豆鉄砲を喰らったような。ややあって緒方さんは、両陛下がお坐りになるであろう二つの椅子から目が離せなくなりました。彼の脳裏に浮かんでいたのは、川本輝夫さんのあの「請願書」であったに違いありません。

高山氏は書いています。「さぞや川本輝夫は天皇陛下に会って胸の内を打ち明けたかっただろうと、ふたつ並んだ空虚な椅子を見て、彼にはこみあげてくるものがあったらしい」と。

その年のうちに緒方さんは動きました。来年(二〇一三年)の一〇月には熊本で「全国豊かな海づくり大会」が開かれる、この機会をのがしたら、両陛下にお会いすることは永久に失われてしまう、なんとしても水俣に来ていただいて、自分たちと会っていただきたい、その一心でした。

平成二五年の新年度になっていたでしょうか、緒方さんは会員一一名の合意を得た上で「語り部の会」として、熊本県庁の「全国豊かな海づくり大会」対策室に宛て、両陛下にお会いしたい旨をしるした文書を届けました。

ここには書きませんが、石牟礼さん渡辺京二さんはじめいろんな人のお力添えがあり、七月には、両陛下の水俣入りが確定します。そして八月には、県庁から担当職員が水俣入りし、宮内庁の指示を踏まえて具体的な打ち合わせが進む。愈々というところまで来たということです。

ただ、肝腎の、当日に話す緒方さんの講話の内容については、即断即決したわけではありません。緒方さんは、いったん書きあげた講話内容を県担当者に届け、その適否について宮内庁の判断を求めたのでした。県担当者の反応は意外でした。

「天皇皇后両陛下は、このような話をお聞きになろうとは思っておられません。緒方さんが水俣病患者としていちばん苦しかったこと、悔しかったこと、悲しかったこと、そしてご自身のご家族のことをお聞きになりたいそうです」

本人は気がつかなかったのか、なにしろ相手が天皇さま皇后さまなわけですから、気遣いというか慮りというか、遠慮とか配慮みたいなものが働いてしまい、聞きようによっては、当事者ではなく第三者の解説みたいに聞こえかねない、まるで当たり障りのないお話になっていたのかもしれません。

他方、両陛下にしてみれば、評論家のコメントみたいな話を聞いていたのでは、象徴の務めを果たすことができません。事柄の当事者が身をもって体験した生の事実を、眼の前に丸太みたいにごろんと出していただいて、その話をしていただかなければなりません。

両陛下のお気持ちがまるっぽそのまま緒方さんの胸に届いたところで、当日の講話の方向が固まったのでした。

緒方正実さんの講話（原稿）を高木文彦氏は『ふたり』の中に収録しています。要約します。

①最初にあるのは水俣病患者としての訴えです。先祖代々漁業一家であった緒方家では、親族全体で二〇名もの人間が水俣病患者として認定されています。実父のように、認定申請を準備している最中に急死した人も数多くいます。患者の苦しみに終わりはありません。水俣病問題は終わっていないのです。

②ところが緒方さん自身は、自分が水俣病患者であることをなかなか認めることができませんでした。自分を偽り、ごまかし、事実から逃げて逃げてきて、ついに逃げ切れないことを思い知りました。自分が水俣病患者であるという事実を認め、それに基づいて生きるには、しかし、行政にも世の中にもこの事実を認めてもらわねばなりません。これまで自らが進んで否定してきたことを、行政に認定してもらわなければなりません。認定申請とはそういうことです。これは容易なことではありませんでした。

緒方さんは自らの悪戦苦闘の人生を顧みて学んだことを二つ挙げています。

①「私が水銀の被害に遭った事実を自身の都合で三八年間ごまかした人生を、行政や世の中の人たちが許してくれるのに一〇年以上の歳月がかかったと思っています。そういう意味では、行政と私の努力によって私の救済問題が解決したと思っています。正直に生きることがどれだけ人間にとって大切なことか、身に染みて思い知らされました」

②「二度と水俣病と同じような苦しみが世界で起きないことを必死で考えていく中で（中略）、私自身が水俣病から学んだこととして、メッセージにしてい（る言葉があり）ます。

両陛下に聞いていただきたいと思います。

――苦しい出来事や悲しい出来事の中には、幸せにつながっている出来事がたくさん含まれている。このことに気づくか、気づかないかで、その人生は大きく変わっていく。

気づくには、ひとつだけ条件がある。それは出来事と正面から向かい合うことである」

緒方さんは両陛下に向かって最後に、聴いていただいたことのお礼を述べて講話を語り終えたのでした。その直後、思いがけないことに天皇は、緒方さんに向かって一礼したのち、坐ったままで、約一分間にわたってお言葉を述べられたそうです。

「ほんとうにお気持ち、察するに余りあると思っています。やはり真実に生きるということができる社会を、みんなでつくっていきたいものだとあらためて思いました。ほんとうにさまざまな思いをこめて、この年まで過ごしていらしたということに深く思いを致しています。今後の日本が、自分が正しくあることができる社会になっていく、そうなればと思っています。みながその方向に向かって進んで行けることを願っています」

ここで陛下は、「真実に生きることができる社会」「自分が正しくあることができる社会」と述べ、そういう社会をみんなでつくっていきたい、そういう方向に向かって進んで行きたい、という趣旨のことを語られたのでした。

これらのお言葉は、「正直に生きること」「出来事と正面から向き合うこと」の大切さを述べた緒方さんの講話を、陛下なりに受け止められたうえで、それに関わらせて、ご自身の「信条」「信念」を語られたものだと思います。

「(自分が) 真実に生きる」「自分が正しくある」とは、決して難しい表現ではありません。しかし、「真実に生きる」とはどのように生きることか、「正しくある」とはどのようにあることか、と問われると、答えに窮します。この難問を自らに問いつづけてこられたのが明仁天皇であったと思います。

というより、陛下は若き日々、帝王学を学んだ小泉信三氏から、この教えを受け、以後何十年ものあいだ、この信念に生きてこられたものと察せられます。ここに皇太子時代「五〇歳のお誕生日会見」(昭和五八年一二月二〇日) のときのお言葉があります。

「好きな言葉に『忠恕』があります。論語の一節に『夫子 (＝先生、孔子を指す) の道は忠恕のみ』とあります。自己の良心に忠実で、人の心を自分のことのように思いやる精神です。この精神は一人一人にとって非常に大切であり、さらに日本国にとっても忠恕の生き方が大切ではないかと感じています」

論語の言葉を読み下し文で示すとこうです。「吾が道、一以て之を貫く。夫子の道は忠恕のみ」（孔子曰く、「私は終生一貫した変わらぬ道を歩いてきた。一貫した道とは忠恕、真心から他人を思いやる道、仁道である」と）。

水俣の集いで陛下が「真実に生きるということができる社会」と述べておられるときの「真実に生きる」とは、「私自身の」真実、私はかくあるべきだ、かくあらねばならない、と信じている自分自身の心のあり方――自己の良心――に忠実に生きるということを意味し、自分の良心の命ずるままに生きることができる社会でありたい、と日々陛下は願って来られたということだと思います。

そして願わくは、「自身の真実に忠たる生き方」が、そのまま、ひと様に対するときは真心でもって接し、「ひと様のことを我が事のように思いやる恕の生き方」となっていますように！――そのように陛下は、願って来られたのだと思います。

「自身の真実に忠たる生き方」が、そのままで、「真心から人様のことを思う恕の生き方」になっている――そういう社会へむかってたゆまず歩むとき、そのときにこそ、私たちは「自分が正しくあることができる社会」に生きることができるのではないか。

明仁天皇ご自身にしてからが、この時、この場で、このような言葉が口をついて出てこようとは、思いもよらないことだったのではないでしょうか。

どの新聞も、このお言葉を「異例」と報じたそうです。予定原稿なしのぶっつけで、これだけの

「お言葉」を述べられるとは！ と、ぼくも驚き、そうそうあることではない、と思いました。しかし、程なくして思いかえしたのです。ひょっとしたら両陛下のばあい、この種のサプライズは、間々あることなのではないか、と。訪ねた先々の事情を考えあわせて、ご自分たちにふさわしい、なんらかの表現の仕方みたいなものを、つねに見つけ出そうとしておられるのではないか、と。だって、こういうこともありなのかというような、意表をつくような、あるいはクリエイティブなことをやってのけられるでしょ、しばしば。

両陛下は、皇太子時代から何十年ものあいだ、「福祉施設や災害の被災地を訪れて」「人々と少しでも心をともにしようと努めて」来られました（平成一一〔一九九九〕年一一月一〇日、ご即位一〇年会見、要約）。それは、公務としてそうしなければならないから、そうして来られたのではありません。お二人のなかに、そうしないではいられない真実、真心があるからだと思います。難儀な日々を余儀なくされている人びとのもとへ出向いて行って、心をともにする、幸あれかしと祈る——自らのなかの真実の声に従って、人びとに真心を捧げるとは、そういうことだと思うのです。

天皇が象徴天皇たりうるには、このように人びとのもとでともに祈ることが、欠くことのできない、第一の務めでなければなりません。両陛下は、人びとのもとへ行かなければならないからではなくて、行きたいから・行かずにはおれないから、身体の続く限り、行幸啓なさってきたのだと思います。「全身全霊をもって象徴の務めを果たしていくことが」どれだけ大変な難事業であったか、今になってようやく、身に染みて伝わって来るのでした。正直言って、申し訳ない気持ちです。

第五回　戦没者鎮魂のため沖縄南部戦跡の地を訪ねる

両陛下は、いまだ皇太子殿下・妃殿下のとき、沖縄国際海洋博覧会名誉総裁として、一九七五（昭和五〇）年七月一九日から同月二一日までの三日間にわたって、念願の沖縄訪問を果たされました。

その際、なんとしても戦没者鎮魂のために南部戦跡の地を訪ねたい——それが、明仁皇太子のご意志でした。しかし日程立案の当初、宮内庁にしても博覧会委員会にしても、「戦没者鎮魂のための南部戦跡地巡り」などということを考えた人は誰一人いなかったそうです。

しかし、それが日程に入った。それも訪沖の初日、那覇空港到着後直ちに、沖縄戦の最激戦地・南部戦跡に向かうというのです。慰霊碑が群れをなして建立されているという、その地に、真先に駆けつけないではいられない、そういうお気持ちだったのではないでしょうか。このようにお祭しするのも、「まず御魂鎮めが先だ」とする明仁殿下の固い信念が、周囲から洩れ伝わっているからです。

加えて言えば、沖縄を訪れる人はだれもが、慰霊碑に向かって頭を垂れて祈りを捧げる、そのようであってほしい——それが皇太子時代から変わらぬ陛下の願いであってみれば、最初の沖縄訪問の機会に自らがその範を示さないではいられなかったのだと思います。若い頃から「言ったことは必ず実行する。実行しないことを言うのは嫌いです」(三一歳のお誕生日会見)と言明してこられたほどのお方なわけですから。

とまれ、那覇空港から沖縄本島最南端の糸満市へと向かった皇太子の車列は、同市に入ったばかりのところでちょっとしたトラブルに遭遇しますが、大袈裟なことにはならず済みそのまま進むことができました。空港を出てからおよそ四〇分、第一の目的地に到着しました。そこでどういうことになったのか、矢部宏治さんの文章(『戦争をしない国——明仁天皇メッセージ』小学館)に拠って紹介します。

——午後一時一九分、一行は、ひめゆりの塔に到着します。そして皇太子ご夫妻がひめゆり記念会会長の源《みなもと》ゆき子氏から塔の前で説明を受けていた午後一時二三分、塔の横に大きく口をあけた洞穴から這い出してきた沖縄解放同盟の活動家、知念功が、皇太子ご夫妻の前方数メートルの場所に火炎ビンを投げつけたのです。献花台の手前の柵にあたって炎上した炎は、一瞬高く燃え上がり、明仁皇太子と美智子妃の足元まで流れていきました。

その火炎ビン投擲の決定的瞬間をとらえたカメラマンがいます。読賣新聞の報道カメラマン山城博明さんでした(なお、その写真は後日、読賣新聞年間最優秀賞に選ばれたそうです)。山城さんは当時のことを振り返って二つのことを述べておられます。

一つは同じ沖縄県民として「県民の怒り」を捉えることができた、との自負です。山城さんが「怒り」と言うだけのことはあります。皇太子沖縄到着当日の那覇市や糸満市は、過激派だけでなく全軍労・自治労などの労働組合を中心に数万人がデモや集会などの抗議行動に起ちあがっており、他方、県警は県警で、他県から一〇〇〇人の応援をも含めて三七〇〇人の警備態勢を敷いており、いつどこで何が起こるかわからない〝不穏な空気〟が辺りを支配していたからです。

山城さんの回顧談のいま一つの点について、『日本人と象徴天皇』（「NHKスペシャル」取材班）から引用すると、こういうことです。――「しかし、それ以上に山城さんの印象に残ったのは火炎瓶の先にいた皇太子の表情だった」という。

「この表情から見て、（源ゆき子さんの説明を）熱心に聞いているんですね。写っていないんですけど、汗がたらたらなんですよ。この辺からもう流れ落ちているんですよね。実際現場で直に見てね、汗を流して業務を遂行している姿を見たら、沖縄に関して関心を持たれているということは直ぐわかりました」

皇太子夫妻は、火炎瓶の騒ぎに直面しても少しも慌てないで、自若としておられたそうです。これくらいのことはなにほどのことも思っておられなかったと察せられる証言があります。

沖縄現地の抗議行動を心配する周囲の者に対して、常日頃から「石ぐらい投げられてもいい、そうしたことを恐れず、県民のなかに入っていきたい」と応じておられた明仁殿下は、沖縄訪問の前日、夜遅くまで訪沖にそなえて共に力を尽くしてくれた外間守善《ほかましゅぜん》さん——琉歌の先生筋に当たる方です——との間で次のような会話をなさっているのでした。

外間先生ご自身の文章（「諸君！」二〇〇八年七月号）から引用します。

「（東宮御所からの）帰り際に私が「何が起こるかわかりませんから、ぜひ用心して下さい」と申し上げたところ、殿下は静かに『何が起きても受けます』とおっしゃった。並々ならぬご決意が伝わってきた」

このようなご覚悟を見る者に実感させたものこそ、「ひめゆりの塔」の御魂を前にしたときの、明仁殿下の「鎮魂の祈り」のお姿だったのではないでしょうか。これについても、見ていた人の言葉があります。

皇太子夫妻を案内した当時の沖縄県知事、屋良朝苗《やらちょうびょう》さんは、随行記者の高橋紘さんのインタビューに答えて、「私は何人もの方々をひめゆりにご案内しました。しかしあのような敬虔な祈りを捧げてくださった方は、皇太子ご夫妻だけでした。本当に感動しました」と、目頭を押さえながら語ったそうです。

皇太子夫妻一行は、何事もなかったかのように無事、鎮魂の祈りを捧げたあと、所期のスケジュール通り、沖縄戦の最激戦地として知られる南部戦跡の地へと向かいます。そこから二キロほど南に進んだ海岸近くの目的地には、「魂魄の塔」の名で知られる慰霊碑が建立されており、一行はこの慰霊碑に鎮魂の祈りを捧げるために訪ねていくのでした。以下は、矢部宏治さん（前掲書）の説明に拠ります。

①「魂魄の塔」は、沖縄で最初に建立された慰霊碑で、軍人も民間人も、日本兵もアメリカ兵も分けへだてなく、三万五千人もの身元不明者の遺骨を収めています。建立したのは大切なふたりの娘を「ひめゆり学徒隊」で失った金城和信氏です。金城氏はこの無名戦士の塔を建立することで米軍当局を説得なさったのでありましょう、この実績を足掛かりとして、夫人とともに、娘たちが戦死した洞穴を探し出し、そこに「ひめゆりの塔」を建立、さらに続いて、男子学徒の慰霊碑「健児の塔」をも建立されたのでした。

②「魂魄の塔」での拝礼のあと、明仁皇太子と美智子妃は、沖縄戦の最後の司令部があった摩文《まぶ》仁《に》の丘に向かい、夕方からは那覇市内の「くろしお会館（遺族会館）」で遺族代表約二〇〇人とお会いになりました。

このあと夜も遅くなった午後一〇時、明仁皇太子の「談話」と題する文書が報道陣に配布されたのでした。世に広く知られている（中略部分のある）文章を以下に示します。

「過去に、多くの苦難を経験しながらも、常に平和を願望し続けてきた沖縄が、さきの大戦で、わが国では唯一の住民を巻き込む戦場と化し、幾多の悲惨な犠牲を払い今日にいたったことは、忘れることのできない大きな不幸であり、犠牲者や遺族の方々のことを思うとき、悲しみと痛恨の思いにひたされます。（中略）
払われた多くの尊い犠牲は、一時《いっとき》の行為や言葉によってあがなえるものでなく、人々が長い年月をかけてこれを記憶し、一人一人、深い内省の中にあって、この地に心を寄せ続けていくことをおいて考えられません」

「（中略）」までの前段、談話の冒頭において明仁皇太子は、「過去に、多くの苦難を経験し」云々と述べておられます。この部分は、「島津藩の末裔」としての述懐だと察せられます。薩摩藩は、慶長一四年（一六〇九年）江戸幕府のもとで琉球王国を軍事侵攻し、維新後は明治藩閥政府の主力として琉球処分（沖縄県設置）を主導しました。自分はその歴史的事実を決して忘れていない、と述べておられるのだと思います。

また、続く「さきの大戦」以下の文章では、日本が米軍を沖縄本島へと誘いこみ、沖縄を血で血を洗う戦場へと一変させることによって、本土決戦までの時間を稼いだ――つまり、本土のために沖縄を捨てたところで、沖縄の「悲惨な犠牲」「大きな不幸」「悲しみと痛恨の思い」が生まれたのだ、と述べてあります。——「さきの大戦で」日本（軍）が追いつめられた最期の場面で何をしたか、自分はしっかり承知している、と述べておられるのだと思います。

「（中略）」から後半の「談話」のなかで、明仁皇太子は自らに問うておられます。沖縄のこの地で「払われた多くの尊い犠牲」を前にして、自分のとるべき態度はどのようなものでなければならないか、沖縄に対して自分はどのように向きあえばよいのか、と。

いくら神妙な顔をしたとしても、そのとき限りの行為や通り一遍の口先だけの言葉でもってしては、慰霊碑のもとに眠る魂魄を慰めることはできません。誰しも、このことを本能的に承知しています。問われているのは、戦火に倒れた沖縄の人々の御霊に対して、また遺された遺族の悲痛な思いに対して、贖罪の行為とか謝罪の言葉とか——〝その種の何かをする〟ことではありません。問われているのはもっと別の次元のこと、人としてどのようにあらねばならないかという、その在り方なのだと思います。

そして明仁殿下は、その在り方について答えておられます。それが上記「談話」のなかの「（中略）」後段の文章だと思うのです。

文章は「人々」の「一人一人」のこととして語ってありますが、実は皇太子ご自身の信ずるところが語られているように聞こえてなりません。

「多くの尊い犠牲が払われました。私は長い年月をかけてこれを記憶し、私自身の深い内省の中にあって、この地に心を寄せ続けていく。何を措いてもそうあらねばならないと考えています」

明仁皇太子のお心がここにあると思います。美辞麗句を嫌い、率直で単純な表現を好みとされる、いかにも陛下のお言葉だなぁ、と得心がいきます。殿下(陛下)のお気持ちがそのまま現れ出た、ご自身への誓いのお言葉であったればこそ、これまで、多くの「人々」の「一人一人」の心に届いてきたのでありましょう。

その日の晩、皇太子の「談話」は「火炎瓶事件」とともにニュース番組で報道されます。前出の外間守善先生は、先の「諸君!」(二〇〇八年七月号)の文章でこう書いています。

「私は事件を東京で知った。南部戦跡めぐりに賛成しない方がよかったのか、と気をもんでいるところに八木侍従から電話があった。

殿下はその時、屋良知事たちと夕食中だったから『外間さんが心配しているだろうから』とわざわざ電話をかけるよう指示なさったらしい」

外間先生は気をもんでいるに違いない、心配しているだろうから、安心してもらうように電話をかけさせる――相手のことを我が事のように思いやる、それが明仁皇太子（天皇）の精神でした。殿下が伝えたかったことは、おおよそ次のような趣旨だったと察せられます。――〝ニュースで報じられている通りです。ひめゆりの塔では、実際には大騒ぎするほどのことはありませんでした。また、ご尽力いただいた『談話』のほうも、予定どおり発表することができました。ご安心くださ い。ありがとう〟

ぼくがここに「ご尽力いただいた『談話』」と書いたのは、朝日新聞の記事（北野隆一記者「記者有論」二〇一二年一二月二二日）に基づいています。北野記者は、こう書いています。

「……『ひめゆりの塔』で火炎瓶を投げつけられた日、（殿下は）談話を発表した。外間さんに相談して練った文章だった」

ここで外間守善《ほかましゅぜん》先生について、先生と皇太子夫妻との出会いについて、さらには琉歌の指導と研鑽の成果について紹介させて下さい。

外間守善先生は、一九二四年に沖縄市で生まれます。沖縄学の第一人者、沖縄学研究所所長・法政大学名誉教授として、その業績を知られています。特に「おもろさうし」二二巻一五五四首の口語訳を完成させた業績によって、二〇〇九年一月、第一四回「福岡アジア文化賞」大賞を受賞されています。

凄惨を極めた沖縄戦は外間先生一家をも襲いました。「鉄血勤皇隊」の一員として出兵されたご自身は、奇跡的に九死に一生を得られたのでしたが、一四歳の妹さんは、米軍の魚雷攻撃によって撃沈された学童疎開船「対馬丸」から生還しておられませんし、二八歳のお兄さんは手榴弾自決で死亡しておられます。

外間先生と天皇皇后両陛下（当時の皇太子夫妻）との初めての出会いは、一九六八年四月、東京日本橋で開かれたパネル展「これが沖縄だ」の開場でのことでした。案内役の任にあったのが外間先生だったのです。彼らは対馬丸のパネルの前に来ました。先生は明かしました、「妹も乗っていました。帰りませんでした」と。

皇太子殿下は茫然とされ、妃殿下は体を震わせ、ハンカチを手に涙ぐみ……「おふたりは、そこから動かなくなってしまいました」と、先生は語っておられます。

それ以来、両陛下はよりいっそう沖縄に心をお寄せになり、外間先生は沖縄の文化・歴史について進講をくり返し、いつしか陛下は琉歌を詠むようになられたそうです。

明仁天皇の琉歌への情熱と研鑽ぶりは、その道の碩学たる外間先生をも驚嘆せしめるものだと言います。これほどの天皇を象徴に戴いているのだ！　そう思うだけで、ぼくなんかは正直言って、誇らしい有難い気持ちになるのでした。外間先生の以下の文章①および、発言②③からくどいようですが、つぶさに見ておきたいと思います。

①「（あるときのこと）殿下が、ご自身の実感にふさわしい言葉の選択に難渋なさった時に、やおらノートを取り出されたことがある。なんとそのノートには、琉球国王の詠んだ琉歌が四〇数首、びっしりと書き込まれていた。殿下ご自身でノートなさったものだということであった。琉歌の意味と用字用語、表記法の規範は、国王の琉歌にあるというご明察があったからのご学習だったのだろう。それにしても、三千余首の中から国王の琉歌を選り抜かれて、ノートに書き綴る殿下のご学習には頭のさがる思いだった」（「諸君！」二〇〇八年七月号）

②「沖縄の人はみんなびっくりしています。今の沖縄の人は、琉歌は詠めない。けれども、天皇はこれだけ歌っているんだ。こんなに歌ったのは琉球王でもありません。琉球王でもいちばん多い人で一〇首ぐらい、大抵、二首か三首。今の天皇は、二〇首以上つくった。本当に天皇は真剣だったんだな」

③「沖縄の人も使えない言葉を歌い込まれ、かつての琉球王以上の数をお詠みになる。それほどまでに熱心に琉歌を学ばれる陛下のご姿勢。それは沖縄の人々の心を理解し、その苦しみや悲

しみで絡まった心の糸を、一つ一つ解きほぐそうとされるかのようです」
(②③:同志社大学日本文化研究会ブログ「沖縄文化の尊重に務められて」から)

さて、明仁殿下の訪沖初日、「戦没者鎮魂のための南部戦跡地巡り」の一日です。殿下はこの一日のご体験を琉歌に詠んでおられます。沖縄から東京に帰られて直ぐに、二首の歌を外間先生に見てもらっておられます。「琉歌になりますか」と。(ちなみに琉歌は、沖縄の言葉で詠まれた、沖縄形式の和歌〔八・八・八・六〕です。歌の文字表記と歌うときの音とは微妙に違うらしいのですが、ここでは文字表記のみを紹介します。なお、以下に引用した、二つの歌に対する先生の感想は、「諸君!」二〇〇八年七月号の上掲原稿からの引用です)

一つは「魂魄の塔」(題)です。沖縄最初の慰霊碑に捧げた祈りを詠んだものです。

花よおしやげゆん(花を捧げます)
人知らぬ魂(人知れず亡くなった多くの人の魂に)
戦ないらぬ世よ(戦争のない世を)
肝に願て(心から願って)

こういう言葉を前にすると、ぼくなんかは何も言えなくなるのです。決まり文句で恐縮すが、粛然として襟を正すしかありません。

外間先生は次のように述べておられます。「無名戦士の塔に詣でて、戦争のない世界を祈願なさったであろう両陛下のお姿が髣髴として私には万感胸にせまる思いがあった」と。

いま一つは「摩文仁」（題）です。摩文仁の丘で慰霊碑を巡って祈りを捧げた時の思いです。

ふさかいゆる木草（木や草が深く生い茂っている）
めぐる戦跡（そのあいだをめぐった、戦闘の跡に）
くり返し返し（くり返しくり返し）
思ひかけて（思いを馳せながら）

外間先生は次のように言葉を添えておられます。「摩文仁の戦跡地を巡られた思いを『くり返し返し思ひかけて』と結句されたのは、殿下の悲痛なご心中の飾りのない表白であったのだろうと推察した」と。後者の琉歌「摩文仁」は、いまや〝沖縄の人々の心の歌〟になっていることについて書いておきたいと思います。

天皇家では、「どうしても記憶しなければならない」忘れじの記念日を定め、その日はどうしても外すことのできない公務以外は入れず、家族全員で黙禱をささげておられます。広島原爆投下の日（八月六日）、長崎原爆投下の日（八月九日）、終戦の日（八月一五日）のほかに、もう一日、沖縄戦終結の日（六月二三日）があります。その日は、先の戦争で「最大の犠牲」を払った沖縄の人々の痛みと悲しみを決して忘れない、忘れてはならない、との誓いを新たにする、そのために家族全員で黙禱する儀式を欠かさない、ということです。

一方、その日の沖縄は、摩文仁の丘の平和祈念公園において、全戦没者を偲ぶ「沖縄全戦没者追悼式」がとりおこなわれます。両陛下と天皇家の人びとは、毎年この日には、千里の波濤を越えて、沖縄の人びとと心をかよわせ、ともに戦没者の魂魄をなぐさめておられる、ということではないでしょうか。陛下と沖縄との心の通いあいは、実は、前日の六月二二日の前夜祭でも見られるのです。毎年、この夜には、陛下の詠まれた「ふさかいゆる〜」の琉歌が〝献奏〟されるそうです。沖縄南部戦跡地に棲む神々のために、摩文仁の丘に眠る魂魄に向かって、陛下の琉歌が演奏され、語りかける、ということです。

明仁天皇は、平成一一（一九九九）年一一月一〇日の「ご即位一〇年会見」のなかで、沖縄に対する思いを――ほかの機会にもくり返しくり返し述べておられるのですが――再述しておられます。いくら話しても尽くせぬ思いというものがある、と問わず語りにおっしゃっているのではないでしょうか。ここに再録します。

「沖縄県では、沖縄島や伊江島で軍人以外の多数の県民を巻き込んだ誠に悲惨な戦闘が繰り広げられました。沖縄島の戦闘が厳しい状態になり、軍人と県民が共に島の南部に退き、そこで無数の命が失われました。島の南端摩文仁に建てられた平和の礎には、敵、味方、戦闘員、非戦闘員の別なく、この戦いで亡くなった人の名が記されています。そこには多くの子供を含む一家の名が書き連ねられており、痛ましい気持ちで一杯になります。さらに、沖縄はその後米国の施政下にあり、二七年を経てようやく日本に返還されました。このような苦難の道を歩み、日本への返還を願った沖縄県民の気持ちを日本人全体が決して忘れてはならないと思います。私が沖縄の歴史と文化に関心を寄せているのも、復帰に当たって沖縄の歴史と文化を理解し、県民と共有することが県民を迎える私どもの務めだと思ったからです。後に沖縄の音楽を聞くことが非常に楽しくなりました」

陛下の琉歌「摩文仁」に曲をつけて献奏される音楽は、戦没者を悼む「沖縄の心」と一つになって、聞く者の胸を打たずにはおかないのではないでしょうか。

第六回 「慰霊の黙禱」「平和の願い」は「日本国憲法の良心」です。

天皇陛下は、皇太子時代の昭和五〇（一九七五）年七月一七日、沖縄国際海洋博覧会の名誉総裁として開会式に出席するために、妃殿下とともに、はじめて沖縄を訪問されました。三日間のご予定の初日、最初の慰霊の地、ひめゆりの塔では、火炎瓶を投げられたりして一時混乱しましたが、一行は予定を変えることなく沖縄南部戦跡をめぐって慰霊の祈りを捧げられました。その日の晩、文書による「談話」が発表されたのでした。

この「談話」のなかで、とくに陛下はご自身に言い聞かせるようにご覚悟を語ったあと、沖縄県民に呼びかけるように文章をつづっておられます。

「県民の皆さまには、過去の戦争体験を、人類普遍の平和希求の願いに昇華させ、これからの沖縄県を築き上げることに力を合わせていかれるよう心から期待しています」

沖縄「談話」にこの二行のお言葉があるとは？　これまでのぼくは気がつきませんでした。しかし、ここへ来て、どうもこの二行があるらしいことに気がつきました。陛下は単なるレトリックで文章を書いておられるわけではありません。やはり、考えを練りに練り、外間先生（前回参照）なんかとも議論をして、この談話を、最終的にぼくらが目にする形に仕上げられたのだと思います。

その際、陛下が熟考されたことのなかには、「談話」を終えるにはどのような文章をもってすればよいか、そして、どうしてもそこに書き込まなければならない言葉（概念）があるとしたら、それは何か、というふうな問いがあり、そうして到達したのが上記の二行だと思うのです。

沖縄県民へ向けた「談話」ですから、「沖縄県民への呼びかけ」になっていますが、それは同時に、「国民への呼びかけ」でもあるべきものとして、語られています。

とはいえ、「沖縄初訪問」というのは唯一無二のシチュエーションであり、その時その場で問わなければならないことがあると思います。陛下は二つ挙げておられます。

一つは、「過去の戦争体験」と述べておられますが、言うところの「過去の戦争」とはどの戦争のことか、という点です。

いま一つは、「人類普遍の平和希求の願いに昇華させる」とありますが、それの意味するところは奈辺にあるのか、ということです。それぞれについて、以下に見てゆきます。

まず、日本人のぼくらが忘れてはいけない「過去の戦争体験」とはどの戦争のことか、ということについての、陛下の発言は、例えば以下の通りです。

①「私がむしろ心配なのは、次第に過去の歴史が忘れられていくのではないかということです。昭和の時代は、非常に厳しい状況の下で始まりました。昭和三年、一九二八年、昭和天皇の即位の礼が行われる前に起こったのが、張作霖爆殺事件でしたし、三年後には満州事変が起こり、先の大戦に至るまでの道のりが始まりました。（中略）過去の歴史的事実を十分に知って未来に備えることが大切と思います」（平成二一〔二〇〇九〕年一一月六日、ご即位二〇年会見）

②「本年は終戦から七〇年という節目の年に当たります。（中略）この機会に、満州事変に始まるこの戦争の歴史を十分に学び、今後の日本のあり方を考えていくことが、今、極めて大切なことだと思っています」（平成二七〔二〇一五〕年一月ご感想「新年に当たり」）

ぼくらが忘れてはならない「過去の歴史＝過去の戦争」とは、真珠湾攻撃（一九四一年一二月八日）に始まる「太平洋戦争」ではなくて、満州事変（一九三一年九月）に始まる「大東亜戦争」だ、ということです。かの戦争の真実は、米英に嵌められて已むなく始めた戦争ということではなくて、（後発の資本主義国としてつねに圧迫される構図のもとにあったとはいえ）むしろ我が方から仕掛けて他国を巻き込んでいった戦争でもあったということです。

「過去の歴史＝過去の戦争」は、たとえそれが正視できないほど耐え難いものであっても、否、そうであればあるほど、ぼくらはそれらの事実をそのまま認めるところから出発しなければなりません。両陛下の沖縄訪問を見てください。あるいは、多くの犠牲者を出した国——例えばフィリピンなど——への、両陛下のご訪問を見てください。お二人は、そこでの「過去の歴史＝過去の戦争」の一切を一身に引き受けたうえで、「慰霊の旅」を続けておられるのです。

先に引用した「談話」の結語部分のうち、後者について見ます。「人類普遍の平和希求の願いに昇華させる」とはどういうことでしょうか。

悲惨な戦争を身をもって体験した国の国民であるからこそ、平和の希求は国民的な願いです。憲法が命じていますし、天皇は常日頃から、機会があるたびに、平和の希求について触れておられます。たとえば、平成五（一九九三）年四月二三日、沖縄平和祈念堂では、次のように述べておられます。

「今、世界は、平和を望みつつも、いまだに戦争を過去のものにするに至っておりません。平和を保っていくためには、一人一人の平和への希求とそのために努力を払っていくことを、日々重ねていくことが必要と思います」

ところが、上記の「談話」の結語部分では、「一人一人の平和の希求」ではなくて「人類普遍の平和希求」とまで踏み込んだ表現になっています。どういうことでしょうか。

世界の平和を実現するためには、「一人一人の平和の希求」が求められます。しかし、それだけでは十分ではありません。平和への願いを実現するには、「広く普く人類全体に行き渡る平和への願い」（＝「人類普遍の平和希求の願い」）という、より次元の高い、より純粋な理念のレベルにまで、自分たちを高めなければならないのではないでしょうか。

ぼくらは過去に悲惨な戦争を体験しているからこそ、平和への願いを「人類の希求」にまで高め、昇華させることができるはずだし、昇華させなければならない……陛下はそういう意味のことを述べられたと思うのです。

両陛下のそもそも論からすると、平和希求という問題は、「国家・国民の安全保障という範疇」をはるかに越えていると思われます。むしろお二人の思いは、何よりも先ず、生きとし生ける一人の人間として、人類の一員として、平和を祈願しないではおれないということ、それに尽きるといってもいいと思います。

では、両陛下の平和祈念は、いつ・どこで・どのように為されるのでしょう。

お二人は国の内外を問わず、国のために殉じた人たちの慰霊碑の前に詣でて、一礼し、花を捧げ、頭を垂れ黙したまま、犠牲者の死を悼み、霊を慰め、平和の誓いを新たにする、もう二度と過ちを犯さない、と。戦争犠牲者の追悼と平和希求の祈願とは、ひとつの行為のなかで・ひとつながりの行為として行われる、ということです。

わかりやすい例を、以下に示します。

①まず、八月一五日の終戦記念日に開かれる「全国戦没者追悼式」です。陛下は、戦没者約三一〇万人の死を悼み、お言葉のなかで、近年はとくに、大戦について明示的に「深い反省」の念を示し、平和を祈る気持ちを表明しておられます。戦没者追悼のなかで平和祈願が行われている、ということです。

②次に、前回も少しふれましたが、沖縄初訪問の陛下が詠まれた御製があります。「沖縄の言葉」での表記は省略して、日本語表記のみを引用します。

花を捧げます
人知れず亡くなった多くの人の魂に
戦争のない世を
心から願って

ここでも、戦争犠牲者への鎮魂の思いと平和な世界を願う気持ちが、分けることのできない一つのものとして、詠まれています。

③最後に、オバマ大統領が米国大統領として初めて、広島の原爆慰霊碑に詣でたときのことを紹介します。彼は、慰霊碑に献花して犠牲者を追悼したのち、こう述べたと伝えられています。「我々は過去の過ちとは異なる物語を語ることができる」と。過去の過ちとは戦争のことでしょう。それとは異なる物語とは平和の物語にほかなりません。ここでも、犠牲者への追悼は平和を求める気持ちと分ちがたく交じりあっています。

死者の魂を鎮め・霊を慰める祈りは、そのまま人類普遍の平和を願う祈りでもあるということ、二つの祈りがあるのではなくて、合わせて一つの祈りを捧げる——慰霊碑の前での祈りとは、そういうことだと思うのです。

テレビで拝見した両陛下のご参拝の映像を思い出しながら書きます。

お二人は、一礼したあと慰霊碑の前に進み出て、花を捧げ、黙禱されます。

献花は、お招きして降りてきていただいた死者の魂がしばしこの世にとどまることができるようにと、そのための居場所（依り代）として、花を差し出す、ということではないか、と想像するのですが。また、黙禱というのは、頭を垂れた姿勢で、無言のまま、目を閉じて、祈ること、と言ってよいのではないでしょうか。

最初に、花を捧げますから、死者の霊は参拝者のすぐ前に来てくれているわけです。だから、頭を下げて敬意を表し、挨拶をします。そして、しばらくの間、無言と瞑目を続けます。目をつぶり一言も発しないのは、まだこの世に生きている自分を、世俗の世界から遮断して、そこに死者の霊と対面する場をつくるため――、そんなふうに解釈できそうです。それはまた、心静かに耳を澄ませて死者の声を聴くためでもあるような気がいたします。

両陛下は、黙禱という祈りの行為のなかで、献じた花に宿る死者の魂と直に対面し、その無言の声に耳を傾け、死者のその思いを全身全霊でもって受けとめておられるのだと思います。驚くべきは、黙禱の時間の長さです。直角に身を折らんばかりの深々とした拝礼の姿です。それでいて、別に何程の事もなかったかのような物腰の柔らかさです。まったく構えたところのない自然体の振舞いです。

ぼくはその光景のほんの一部を、映像で拝見しただけなのですが、これはもう、人間業ではない、神の領域に属するのではないか、とさえ思ったことでした。

神々しい！　と。

両陛下が何十年ものあいだ、倦まず弛まず続けてこられた「慰霊の旅」はそのまま「人類平和希求の旅」でもありました。陛下ご夫妻にとってそれは、ほかならぬ象徴天皇の身であってみれば、何はさて措いても、務めなければならない公務だったのです。お二人は、機会さえあれば、内外を問わず、いつでも・どこへでも出かけられました。海外での「慰霊の旅」の様子はどんな具合だったのか、知りたい気がします。一例として、オランダ訪問の旅について見たいと思います。

まず、予備知識として、日本軍による蘭領インドネシア占領の事実を数字で確かめておきます。日本軍が強制収容したオランダ人は、民間人が約九万人、戦争捕虜および軍属が約四万人。そのうち、食糧不足や風土病による死亡者が約二万二千人。死亡率は約一七パーセント――この数字はシベリア抑留の日本人捕虜の死亡率（約一二パーセント）より高い。

そのオランダを、明仁皇太子は一九五三年に、昭和天皇は一九七一年に訪ねています。皇太子は無事スルーできたのですが、昭和天皇は大々的な抗議デモに見舞われます。これらについては事実を指摘するにとどめて、これ以上立ち入りません。

二〇〇〇年五月二三日から四日間、両陛下はオランダを訪問されました。その間の出来事のうち最初の日の出来事について、西川恵著『知られざる皇室外交』（角川新書二〇一六）から引用します。長い引用で気が引けるのですが。

「最初の公式行事は、アムステルダムの王宮前の広場にある戦没者記念慰霊塔への献花・黙とう式だった。（中略）（式典では）ベアトリックス女王、コック首相、パテイン・アムステルダム市長が両陛下に付き添った。約二五〇〇人の市民が見守るなか、両陛下は一礼したあと慰霊塔に進み出て花輪を供えられ、黙とうした。

『長い、長い黙とうでした』

と、そこに居合わせた日本の関係者は異口同音に語っている。この模様はオランダ国内にテレビで同時中継された。

その夜、王宮で歓迎晩餐会が開かれた」

長い、長い黙禱だった、とあります。それが同時中継で放映されたとのことです。さぞかし、と目に浮かぶ思いがします。両陛下は、神神しいまでの静けさのなかで、圧倒的な気迫を秘め、祈りを捧げておられたにちがいない、と。

西川恵さんは上記文章のあと、晩餐会の模様を紹介しているのですが、そこは省略して、そのあとの文章を引用します。

「晩餐会が終わって夜遅く、両陛下は王宮の宿舎に戻った。その部屋の窓からは、その日の昼間、両陛下が献花と黙とうを行った戦没者記念慰霊塔が見えた。皇后はこのときの情景をこう短歌に詠んでいる。

慰霊碑は白夜に立てり君が花抗議者の花とともに置かれて」

両陛下の献花と黙とうの行事が終わったあと、戦争被害者の一群が白い菊を一輪ずつもって行進し、花を慰霊塔の柵の周りに置いた。両陛下が供えた花輪と、戦争被害者の白菊が並んで置かれ、白夜の光のなかに浮かんでいた。戦争被害者と日本の『静かなる和解』ともとれる象徴的な情景で、皇后はこれを歌に巧みにすくい取った。

両陛下の訪問はオランダの対日世論を大きく変えた。戦争被害者たちの対日認識の核には『歴史に誠実に向き合わない日本』という思いがあった。しかし両陛下の慰霊塔での黙とう、晩餐会でのおことば、オランダの人々とのさまざまな交流、また両陛下のお人柄が連日、テレビを通して伝えられることによって、日本に対する印象を劇的に変えた。日本大使だった池田氏はこう語る。

『両陛下のご訪蘭により、日蘭関係が新しい章に進むことができたことは、その後の数十年間（ママ）の日蘭関係を見れば一目瞭然です。個人のレベルの感情は一朝一夕には変わりませんが、二〇〇〇年を境として、社会のレベルでは第二次大戦中の『過去の問題』をなんとか乗り越えたと言っていいと思います』」

両陛下は戦没者記念慰霊塔の前に進み出て黙禱を捧げました。その慰霊の祈りは死者たちの魂に届き、オランダの人びとの心を動かし、日本とオランダは和解へと向かうことができました。このようにしてぼくたちは、「人類の平和」実現の道を、一歩また一歩と前に進めていきます。そういうことではないでしょうか。その道は、実は、明仁天皇が象徴天皇として歩んで来られた道と同じ道だと思うのですが。

道は「忠恕の道」でなければならない――明仁天皇はそう信じておられると思います。すでに引用ないし言及してきたところですが、最後に今一度、肝に銘じるつもりで引用します。昭和五八（一九八三）年一二月二〇日の「五〇歳の誕生日会見」でのお言葉です。

「好きな言葉に『忠恕』があります。論語の一節に『夫子の道は忠恕のみ』とあります。自己の良心に忠実で、人の心を自分のことのように思いやる精神です。この精神は一人一人にとって非常に大切であり、さらに日本国にとっても忠恕の生き方が大切ではないかと感じています」

「日本国にとっても忠恕の生き方が大切」と述べておられる点について。では、日本国を主語にして上記の文章をリライトすると、どうなるか。

まず「日本国の道は忠恕のみ」となります。そして「日本国は自国の良心に忠実でなければならず、他国には広やかで思いやりのある寛恕の精神をもって対する必要があります」と続くはずです。

ここで「自国の良心」とリライトしたのは、明仁天皇「即位後朝見の儀」（平成元年一月九日）の結語部分を念頭に置いてのことです。

陛下は天皇として最初のお言葉のなかで、次のことを誓っておられます。「皆さんとともに日本国憲法を守り、これに従って責務を果たす」と。日本国の良心は日本国憲法にある、ということです。陛下は天皇になったばかりの朝見の儀において、日本国は自国の良心である日本国憲法に忠実でなければならない、と誓言しておられるのです。

「日本国憲法」別称「平和憲法」に思いを致しつつ、筆を置きます。

と書きつつも、思い浮かぶ想念を書き留めないではいられません。最後の最後に、尾崎咢堂の言葉を書いておきます。

「人生の本舞台は常に将来にあり」
「過去はみな未来のわざの備えぞと知れば貴し悔いも悩みも」

ほんとうに終わります。ありがとうございました。

資料篇

●象徴としてのお務めについての天皇陛下のお言葉（二〇一六（平成二八）年八月八日宮内庁発表・全文）
●全国戦没者追悼式（二〇一五（平成二七）年八月一五日、於・日本武道館）
●東北地方太平洋沖地震に関する天皇陛下のおことば（二〇一一（平成二三）年三月一六日）

象徴としてのお務めについての天皇陛下のお言葉

二〇一六（平成二八）年八月八日宮内庁発表・全文
（出典・八月九日『朝日新聞』朝刊）

戦後七〇年という大きな節目を過ぎ、二年後には、平成三〇年を迎えます。

私も八〇を越え、体力の面などから様々な制約を覚えることもあり、ここ数年、天皇としての自らの歩みを振り返るとともに、この先の自分の在り方や務めにつき、思いを致すようになりました。

本日は、社会の高齢化が進む中、天皇もまた高齢となった場合、どのような在り方が望ましいか、天皇という立場上、現行の皇室制度に具体的に触れることは控えながら、私が個人として、これまでに考えて来たことを話したいと思います。

即位以来、私は国事行為を行うと共に、日本国憲法下で象徴と位置づけられた天皇の望ましい在り方を、日々模索しつつ過ごして来ました。伝統の継承者として、これを守り続ける責任に深く思いを致し、更に日々新たになる日本と世界の中にあって、日本の皇室が、いかに伝統を現代に生かし、いきいきとして社会に内在し、人々の期待に応えていくかを考えつつ、今日に至っています。

そのような中、何年か前のことになりますが、二度の外科手術を受け、加えて高齢による体力の低下を覚えるようになった頃から、これから先、従来のように重い務めを果たすことが困難になった場合、どのように身を処していくことが、国にとり、国民にとり、また、私のあとを歩む皇族にとり良いことであるかにつき、考えるようになりました。既に八〇を越え、幸いに健康であるとは申せ、次第に進む身体の衰えを考慮する時、これまでのように、全身全霊をもって象徴の務めを果たしていくことが、難しくなるのではないかと案じています。

私が天皇の位についてから、ほぼ二八年、この間《かん》私は、我が国における多くの喜びの時、また悲しみの時を、人々と共に過ごして来ました。私はこれまで天皇の務めとして、何よりもまず国民の安寧と幸せを祈ることを大切に考えて来ましたが、同時に事にあたっては、時として人々の傍らに立ち、その声に耳を傾け、思いに寄り添うことも大切なことと考えて来ました。天皇が象徴であると共に、国民統合の象徴としての役割を果たすためには、天皇が国民に、天皇という象徴の立場への理解を求めると共に、天皇もまた、自らのありように深く心し、国民に対する理解を深め、常に国民と共にある自覚を自らの内に育てる必要を感じて来ました。こうした意味において、日本の各地、とりわけ遠隔の地や島々への旅も、私は天皇の象徴的行為として、大切なものと感じて来ました。皇太子の時代も含め、これまで私が皇后と共に行《おこな》って来たほぼ全国に及ぶ旅は、国内のどこにおいても、その地域を愛し、その共同体を地道に支える市井の人々のあることを私に認識させ、私がこの認識をもって、天皇として大切な、国民を思い、国民のために祈るという務めを、人々への深い信頼と敬愛をもってなし得たことは、幸せなことでした。

天皇の高齢化に伴う対処の仕方が、国事行為や、その象徴としての行為を限りなく縮小していくことには、無理があろうと思われます。また、天皇が未成年であったり、重病などによりその機能を果たし得なくなった場合には、天皇の行為を代行する摂政を置くことも考えられます。しかし、この場合も、天皇が十分にその立場に求められる務めを果たせぬまま、生涯の終わりに至るまで天皇であり続けることに変わりはありません。

天皇が健康を損ない、深刻な状態に立ち至った場合、これまでにも見られたように、社会が停滞し、国民の暮らしにも様々な影響が及ぶことが懸念されます。更にこれまでの皇室のしきたりとして、天皇の終焉に当たっては、重い殯《もがり》の行事が連日ほぼ二ヶ月にわたって続き、その後喪儀《そうぎ》に関連する行事が、一年間続きます。その様々な行事と、新時代に関わる諸行事が同時に進行することから、行事に関わる人々、とりわけ残される家族は、非常に厳しい状況下に置かれざるを得ません。こうした事態を避けることは出来ないものだろうかとの思いが、胸に去来することもあります。

始めにも述べましたように、憲法の下《もと》、天皇は国政に関する権能を有しません。そうした中で、このたび我が国の長い天皇の歴史を改めて振り返りつつ、これからも皇室がどのような時にも国民と共にあり、相たずさえてこの国の未来を築いていけるよう、そして象徴天皇の務めが常に途切れることなく、安定的に続いていくことをひとえに念じ、ここに私の気持ちをお話しいたしました。

国民の理解を得られることを、切に願っています。

全国戦没者追悼式

二〇一五（平成二七）年八月一五日　於・日本武道館

今上天皇式辞

「戦没者を追悼し平和を祈念する日」に当たり、全国戦没者追悼式に臨み、さきの大戦において、かけがえのない命を失った数多くの人々とその遺族を思い、深い悲しみを新たにいたします。

終戦以来既に七〇年、戦争による荒廃からの復興、発展に向け払われた国民のたゆみない努力と、平和の存続を切望する国民の意識に支えられ、我が国は今日の平和と繁栄を築いてきました。戦後という、この長い期間における国民の尊い歩みに思いを致すとき、感慨は誠に尽きることがありません。

ここに過去を顧み、さきの大戦に対する深い反省と共に、今後、戦争の惨禍が再び繰り返されぬことを切に願い、全国民と共に、戦陣に散り戦禍に倒れた人々に対し、心からなる追悼の意を表し、世界の平和と我が国の一層の発展を祈ります。

安倍首相式辞

天皇皇后両陛下の御臨席を仰ぎ、戦没者の御遺族、各界代表多数の御列席を得て、全国戦没者追悼式を、ここに挙行致します。

遠い戦場に、斃れられた御霊、戦禍に遭われ、あるいは戦後、遥かな異郷に命を落とされた御霊の御前に、政府を代表し、謹んで式辞を申し述べます。

皆様の子、孫たちは、皆様の祖国を、自由で民主的な国に造り上げ、平和と繁栄を享受しています。それは、皆様の尊い犠牲の上に、その上にのみ、あり得たものだということを、わたくしたちは、片時も忘れません。

七〇年という月日は、短いものではありませんでした。平和を重んじ、戦争を憎んで、堅く身を持してまいりました。戦後間もない頃から、世界をより良い場に変えるため、各国・各地域の繁栄の、せめて一助たらんとして、孜々たる歩みを続けてまいりました。そのことを、皆様は見守ってきて下さったことでしょう。

同じ道を、歩んでまいります。歴史を直視し、常に謙抑を忘れません。わたくしたちの今日あるは、あまたなる人々の善意のゆえであることに、感謝の念を、日々新たにいたします。

戦後七〇年にあたり、戦争の惨禍を決して繰り返さない、そして、今を生きる世代、明日を生きる世代のために、国の未来を切り拓いていく、そのことをお誓いいたします。
終わりにいま一度、戦没者の御霊に平安を、ご遺族の皆様には、末永いご健勝をお祈りし、式辞といたします。

平成二十七年八月十五日
内閣総理大臣　安倍晋三

東北地方太平洋沖地震に関する天皇陛下のおことば

二〇一一（平成二三）年三月一六日

この度の東北地方太平洋沖地震は、マグニチュード九・〇という例を見ない規模の巨大地震であり被災地の悲惨な状況に深く心を痛めています。地震や津波による死者の数は日を追って増加し、犠牲者が何人になるのかも分かりません。一人でも多くの人の無事が確認されることを願っています。また、現在、原子力発電所の状況が予断を許さぬものであることを深く案じ、関係者の尽力により事態の更なる悪化が回避されることを切に願っています。

現在、国を挙げての救援活動が進められていますが、厳しい寒さの中で、多くの人々が、食糧、飲料水、燃料などの不足により、極めて苦しい避難生活を余儀なくされています。その速やかな救済のために全力を挙げることにより、被災者の状況が少しでも好転し、人々の復興への希望につながっていくことを心から願わずにはいられません。そして、何にも増して、この大災害を生き抜き、被災者としての自らを励ましつつ、これからの日々を生きようとしている人々の雄々しさに深く胸を打たれています。

自衛隊、警察、消防、海上保安庁を始めとする国や地方自治体の人々、諸外国から救援のために来日した人々、国内の様々な救援組織に属する人々が、余震の続く危険な状況の中で、日夜救援活動を進めている努力に感謝し、その労を深くねぎらいたく思います。

今回、世界各国の元首から相次いでお見舞いの電報が届き、その多くに各国国民の気持ちが被災者と共にあるとの言葉が添えられていました。これを被災地の人々にお伝えします。

海外においては、この深い悲しみの中で、日本人が、取り乱すことなく助け合い、秩序ある対応を示していることに触れた論調も多いと聞いています。これからも皆が相携え、いたわり合って、この不幸な時期を乗り越えることを衷心より願っています。

被災者のこれからの苦難の日々を、私たち皆が、様々な形で少しでも多く分かち合っていくことが大切であろうと思います。被災した人々が決して希望を捨てることなく、身体《からだ》を大切に明日からの日々を生き抜いてくれるよう、また、国民一人びとりが、被災した各地域の上にこれからも長く心を寄せ、被災者と共にそれぞれの地域の復興の道のりを見守り続けていくことを心より願っています。

あとがき

明月堂書店社長・末井幸作さんのお蔭で念願の本を世に問うになりました。末井さんのご尽力・叱咤激励がなければ、この本が日の目を見ることはなかったと思います。ありがとうございます。ただ今回は、お手本通りのこのようなものの言い方では済まないものが、ぼくの中にあって、そのことを書くために、ゲラの段階にはなかった「あとがき」という項を立ててもらったのでした。

ゲラを見ると「解題」に、本書はぼくの『極北』連載エッセーを編集したものだが、その際「かなり割愛せざるを得なかった」と書いてあります。以前にも同じ趣旨のことは聞いていたのですが、そのときはあまり気に留めなかったのだと思います。〝編集のほうはよろしくお願いします〟という無責任が、ぼくの立場でしたから。

ところが、ゲラの上記の部分を見たとき何の気なしに訊いたのでした、「割愛ってどれくらいなの？」って。「三分の一くらいかな」というのが、彼の答えでした。これは大変なことだぞ、エライ迷惑をかけてしまった、申し訳ないと思いました。

原稿・文章を削るということは、原稿・文章を書くことと変わらぬ情熱と力量を要します。三分の一となると〝量から質への転化〟が起こるのではないでしょうか。何が言いたいか。この本はぼくの著書であるにとどまらず、末井さんとぼくの共著でもあるということです。

末井さん、ありがとうございます。この本の成り立ちについて、読者の皆様に披瀝させていただいた次第です。

〈著者紹介〉

たけもとのぶひろ（竹本信弘）。

1940年、京都府出身。1967年、京都大学大学院博士過程中退、同大助手。ドイツ社会思想史の若手研究者として将来を嘱望される一方、おりからの学園闘争にも滝田修のペンネームで教官の立場から積極的に発言し、全国の全共闘系学生に大きな心情的影響を与えた。

1972年、自衛隊員が殺害された、いわゆる「朝霞事件」が起きると、その関係者にデッチ上げられ、全国に指名手配され、以後、17年近く、潜行及び獄中生活を強いられることになった。裁判では一貫して無実を主張し闘うも懲役5年の有罪が確定している（詳しくは『滝田修解体』を参照）。

1989年、出所後はテレビ番組の制作会社を経て、1996年には自ら映像制作会社（有）メディアコムを設立するなど、活動の場を広げてきたが、2005年、東京から故郷の京都に生活の場を遷して現在に至る。

著書に『ローザ・ルクセンブルグ論集』（共著：情況出版）『ならず者暴力宣言』（芳賀書店）『只今潜行中・中間報告』（序章社）『わが潜行四〇〇〇日』（三一書房）『昔の名前で出ています』（新泉社）『滝田修解体』（世界文化社）『泪の旅人 ならず者出獄後記』（青林工藝舎）など。

今上天皇の祈りに学ぶ

2018年 11月10日 第1刷発行

著者 たけもとのぶひろ

発行人 末井幸作

発行・発売 株式会社 明月堂書店
〒162-0054東京都新宿区河田町3-15 河田町ビル3階
電話 03-5368-2327
FAX 03-5919-2442

装幀 後田泰輔（desmo）

ISBN978-4-903145-64-8 C0095 Printed in Japan